班组长虽小，管理却要面面俱到
班组长不大，于企业却特别重要

卓越班组长工作手册

实用工具与方法

张平亮 □ 编著

企业管理出版社
ENTERPRISE MANAGEMENT PUBLISHING HOUSE

图书在版编目（CIP）数据

卓越班组长工作手册：实用工具与方法 / 张平亮编著 . -- 北京：企业管理出版社, 2019.12

ISBN 978-7-5164-1852-9

Ⅰ．①卓… Ⅱ．①张… Ⅲ．①班组管理 – 手册 Ⅳ．① F406.6-62

中国版本图书馆 CIP 数据核字（2018）第 293944 号

书　　名：	卓越班组长工作手册：实用工具与方法
作　　者：	张平亮
责任编辑：	宋可力
书　　号：	ISBN 978-7-5164-1852-9
出版发行：	企业管理出版社
地　　址：	北京市海淀区紫竹院南路17号　邮编：100048
网　　址：	http://www.emph.cn
电　　话：	编辑部（010）68416775　发行部（010）68701816
电子信箱：	qygl002@sina.com
印　　刷：	中煤（北京）印务有限公司
经　　销：	新华书店
规　　格：	710mm×1000mm　1/16　22印张　238千字
版　　次：	2019年12月第1版　2019年12月第1次印刷
定　　价：	68.00元

版权所有　翻印必究·印装有误　负责调换

前 言

班组长管理是企业的基础管理

　　班组管理是企业的基础管理，班组的组织管理水平和活力是企业竞争力的基础。在激烈的市场竞争中，企业的宏伟战略最终要由一线员工来实现，而班组长处在企业管理工作的最前沿，头绪繁多，责任重大，既是一线员工的直接组织者和指挥者，也是连接企业中、高管理层与一线员工的桥梁。

　　班组长是企业不可或缺的人力资源。班组长管理水平的高低直接影响产品质量、成本、交货期及安全生产和员工士气，直接关系到企业的经营成败。为了进一步促进班组长发挥严谨的工匠精神，进一步提高班组长运用管理工具与方法的能力，提升其实务能力，更好地解决现场实际问题，我专门编写了《卓越班组长工作手册：实用工具和方法》这本图书。

　　本书是专门为企业班组长编写的工作指导用书。针对班组的重要地位和班组长的工作特点，本书吸收了国内外最优秀的班组管理理论和研究成果，并选取了一些紧贴基层班组管理实际的案例，着重介绍班组长日常工作中必需的有效的管理工具、方法和技巧，为班组长提供具有很强操作性和指导性的工作方法，以提高班组长分析问题和解决问题的能力。另外，本书的理论可对企业班组管理工作起到明确具体的指导作用。

本书具有三大特色。

1. 实用性与有效性统一结合。

我结合自己二十多年的企业管理实践经验，在本书中突出了实用性和有效性的统一结合，给班组长提供具有很强操作性和指导性的工作方法、操作技巧和操作步骤，解答班组长工作中的种种困惑，解决班组实际工作的重点、难点问题，致力于提升工作绩效。

2. 注重实操，解决问题实例化。

本书以世界先进企业班组实际生产现场管理为参照，注重实践过程中的实际操作要领，通过来源于企业一线实例的分析与解读，为企业班组解决具体的实际问题提出具有可行性的解决方案。

3. 内容图表化，管理工具化。

本书通俗易懂，为了便于读者阅读和理解，很多内容都提供了用于记录、量化、分析和改善的有针对性的图表和实用工具，有利于班组长节省工作时间及提高工作效率，可成为班组长实施工作记录分析、追踪和持续改善的重要帮手。

本书不仅可以作为班组长的培训教材，同时也可作为班组长的工作指南和学习手册，还可供各单位管理人员参考阅读。

前　言

本书在编写过程中参考和借鉴了国内外专家的一些研究成果和文献资料、书籍，在此谨向国内外的有关著作者表示谢意。本书的出版得到了企业管理出版社编辑部主任赵琳及编辑宋可力等老师的大力支持和帮助，在此表示衷心的感谢。限于编者的水平和经验，书中欠妥和错误之处在所难免，恳请读者批评指正。

张平亮
2018 年 10 月

目 录

第一章 班组管理基本工具与方法

引　子　刘班长的日常工作汇报是否重要 …………003
第一节　"三直三现"法 ……………………………005
第二节　5W1H 分析法 ………………………………010
第三节　PDCA 改善循环法 …………………………018
第四节　现场巡查法 …………………………………024
第五节　工作汇报法 …………………………………035
第六节　头脑风暴法 …………………………………041
第七节　目标管理 ……………………………………046
第八节　ABC 时间管理法 ……………………………052

第二章　现场管理基础工具与方法

引　子　电梯装潢公司 5S 管理乱象 …………065

第一节　班组现场目视管理 ………………067

第二节　班组现场定置管理 ………………073

第三节　班组现场 5S 环境管理 …………083

第四节　合理化建议提案制 ………………092

第三章　生产作业管理工具与方法

引　子　某换热器公司流水生产线建设问题 ………101

第一节　班组现场作业标准化 ……………103

第二节　工业工程（IE）手法 ……………111

第三节　看板管理 …………………………138

第四节　精益生产 …………………………155

第四章　班组质量管理工具与方法

引　子　电机厂陈班长运用 QC 工具的成效………169

第一节　质量保证 QC 活动的七大工具……171

第二节　零缺陷管理 ………………………202

第三节　QC 小组活动 ……………………211

第四节　现场问题解决 8D 法 ……………218

第五节　防错法 ……………………………228

第五章　现场设备管理工具与方法
引　子　引进日本硅片制造设备的启示 ·············· 241
第一节　设备点检法与维护保养法 ·················· 243
第二节　全员生产维护管理 (TPM) ················· 257

第六章　现场安全管理工具与方法
引　子　某电子有限公司吊装搬运事故 ·············· 277
第一节　三级安全教育法 ··························· 279
第二节　危险预知训练法 ··························· 284

第七章　现场人员管理工具与方法
引　子　日常监督和培训有多重要 ·················· 289
第一节　TWI 与 OJT 训练方法 ····················· 291
第二节　多能工培养方法 ··························· 296

附　录　班组长管理工作常用工具与方法
附录 A　班组管理基本工具与方法 ·················· 303
附录 B　现场管理基础工具与方法 ·················· 309
附录 C　生产作业管理工具与方法 ·················· 327
附录 D　班组质量管理工具与方法 ·················· 329
附录 E　现场设备管理工具与方法 ·················· 331
附录 F　现场安全管理工具与方法 ·················· 337
附录 G　现场人员管理工具与方法 ·················· 339

第一章
班组管理基本工具与方法

导　读

引　子　刘班长的日常工作汇报是否重要
第一节　"三直三现"法
第二节　5W1H 分析法
第三节　PDCA 改善循环法
第四节　现场巡查法
第五节　工作汇报法
第六节　头脑风暴法
第七节　目标管理
第八节　ABC 时间管理法

引子　刘班长的日常工作汇报是否重要

　　从高职学院毕业的刘某应聘进入某韩资汽车零部件制造公司工作，因自己喜欢从事数控机床加工汽车零部件工作，又干活认真，不到半年就担任组长。由于刘某工作努力，不久又晋升为班长。刘班长仍与以前一样埋头苦干，没有大事不会去车间领导那里汇报班组工作，车间领导不知刘班长在忙什么。看看自己班内的产品产量一直不稳定，有时还降低，刘班长心里着急，不知如何是好。正好赶上公司举办班组长培训班，刘班长培训后，恍然大悟。你觉得刘班长领悟到了什么？

第一节 "三直三现"法

一、"三直三现"法的内容

生产现场每天都会发生许多问题，如出现较多不合格产品、经常发生设备事故、混装货物等。遇上这些事情，如果只有少数人看到现场，了解的情况不多，就不可能明白问题发生的原因是什么，更不可能对出现的问题做出准确的判断，也无法确定最有效的对策。为此，作为企业管理者，不能坐在会议室里听取有关人员的汇报，应该立刻到现场，听取相关人员的见解，马上处理问题。这就是管理者使用的"三直三现"法，这就是"三直三现"主义。

"三直三现"法是由日本的企业管理界提出来的，是一种高效处理问题的方法。"三直三现"法是指马上现场、马上现品、马上现象，如图1-1所示。"三直三现"的意思是说班组长应拥有"三直三现"的工作态度，应具备果断的工作作风。一旦生产现场的产品或机器设备出现问题时，现场马上观察不良现象，准确把握问题现状，并做出准确的判断。实践表明："三直三现"法是班组长解决现场实际问题最直接、有效的方式之一。

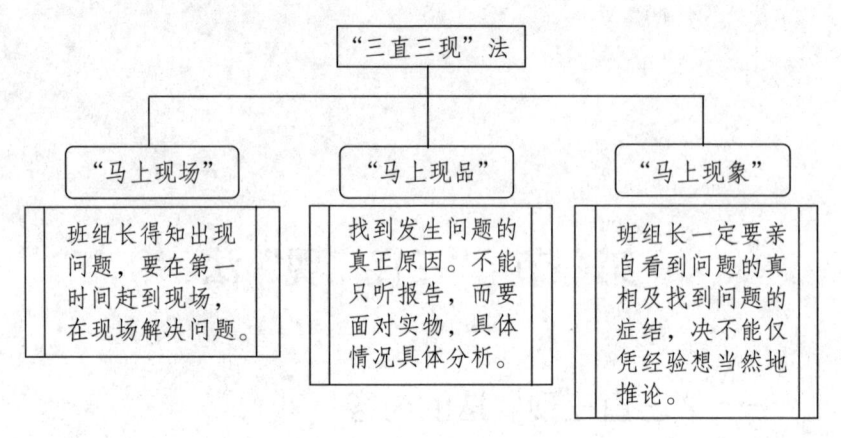

```
                    "三直三现"法
        ┌───────────────┼───────────────┐
    "马上现场"        "马上现品"        "马上现象"
  班组长得知出现    找到发生问题的    班组长一定要亲
  问题,要在第一    真正原因。不能    自看到问题的真
  时间赶到现场,    只听报告,而要    相及找到问题的
  在现场解决问题。  面对实物,具体    症结,决不能仅
                   情况具体分析。    凭经验想当然地
                                    推论。
```

图1-1 "三直三现"法

二、"三直三现"法工作要点

"三直三现"法工作要点主要有3个：①行动前的思维模式；②"即刻了解现场实情"；③"即刻处理现场问题"，具体内容如表1-1所示。

表1-1　　　　　　　　　　　　　　"三直三现"法工作要点

"三直三现"法的3个工作要点	工作内容	实操
①行动前的思维模式	多问几个为什么，多做好行动前的准备工作。	如，什么事，什么地方，什么时间；已到什么程度；需要做什么准备，需要哪些部门配合，需要依次通知哪些相关人；需要先行上报与否，需要先采取哪些预防性措施。
②"即刻了解现场实情"	掌控现场局面，了解现场发生的情况，确定发生的原因、详细过程和主要责任人；通知有关部门；做出正确的判断并做好记录。	其已发展到何种程度，属何性质；目前是否已采取了相应的防范措施，还需要立即增加什么防范措施；监控现场，查清有无人员伤害、有无财产损失，了解问题有无进一步扩大的可能。
③"即刻处理现场问题"	按照正确决策分步骤处理问题；尽快恢复正常作业；排除一切可能后遗症；拟出总结材料并及时汇报。	如现场有危险，应立即撤离，以尽可能地减少损失；及时通知协作部门来处理，以便尽快恢复工作秩序。

三、"三直三现"法的管理效益

（一）马上前往现场的作用

班组长在第一时间出现在问题现场，既能提高自己的威信，又能营造良好的班组管理氛围。而且有助于马上舒缓员工的情绪，并在第一时间解决问题，以免事情进一步恶化到不可收拾的地步。

（二）马上了解实情的作用

班组长具有一定现场管理经验，能及时做出正确的处理决策，为企业马上全面处理问题提供了可靠的解决依据，也能为善后工作提供必要的决策基础。

（三）马上处理问题的作用

班组长在现场即时处理问题，能够保证现场的正常工作秩序，及时恢复生产以减少企业资源的损失，减少企业产品的交货期所受到的影响，维护了员工对企业的信心，提高了全员劳动生产率。

四、实例分析：专用数控铣床故障

时间：2015年9月15日上午9点~11点。场所：机械公司数控加工车间。人物：数控加工车间赵班长，设备部长等人。设备：No.5#轮槽加工专用数控铣床。

设备部长说："9月15日上午9点，数控加工车间成型部某班长向我报告，No.5#轮槽加工专用数控铣床在工作过程中出现故障，无法继续生产，希望联络日本某公司前来处理。听到报告后，我马上联想到前几天上课时听过的'三直三现'法。因此，我二话没说带着陈技术员一起去现场。9点10分左右,我们来到现场,发现这台数控铣床在零件批量加工过程中发生故障。Z轴后移还没到位就出现故障,加工程序中断,主轴停转,并显示报警,指示主轴有问题。检查主轴系统并无问题,但其他问题也可导致主轴停转。于是,我们用机外编程器监视PLC梯图的运行状态,发现刀具液压卡紧压力检测开关在出现故障时瞬间断开,它的断开表示铣刀卡紧力不够。为安全起见,PLC使主轴停转。检查后,发现液压压力不稳,调整液压系统使之稳定,故障被排除。生产终于在11点时恢复正常。"

从以上事件可以看出:如果按常规处理是数控机床出现故障,联络厂家,厂家派人来修理。虽然这种方法很简单,但其结果会怎样呢?

会浪费时间。虽然日本某公司在中国有维修点,但联络并等其派人来,一般情况下最少要两天,再加上校查、修理的时间最少也要3天才能处理好故障。

运用"三直三现"法,认真观察问题发生时的现场,在短时间内找到问题发生的关键部位,实施对策并将故障排除。即使发现故障的部位是我们能力所不及的,无法修理。但是,只要我们知道了故障的原因和损坏的部位,及时报告上司联络厂家,厂家也可根据情况准备好相应的部件及派相关人员前来修理。这样一来,不仅可以节省经费,还可缩短修理时间。

第二节　5W1H 分析法

美国的拉斯维尔最早提出了"5W"的思考方法，后来，经过人们的不断运用和总结，逐步形成了一套成熟的"5W+1H"分析法。5W1H 分析法也称六何分析法，是分析问题、寻找原因的有效方法之一。

5W1H 分析法，通过从原因（WHY）、对象（WHAT）、地点（WHERE）、时间（WHEN）、人员（WHO）、方法（HOW）等 6 个方面对选定的某一项目、计划、事项、工序或操作在调查研究的基础上，进行科学分析与规划，找出问题根本的原因，以防止问题重复出现，更加有效、有序地开展工作，从而达到提升工作效率和工作质量的目的。

5W1H 分析法广泛应用于企业管理、生产生活、教学科研等方面，对于班组建设也是一种极好的思维方法。例如，班组任务的启动；班组遇到困难或障碍时，应如何把握时机来进行分析与解决；班组面对内、外部冲突时应在什么时机进行舒缓或消除，以及在何时与何地取得相应的资源支持等。

一、5W1H分析法的内容

在班组现场管理的过程中，会碰到各种各样的问题。这时，多问几个为什么，就能使复杂的问题简单化、问题剖析有深度，有利于找出问题的原因所在，为科学决策奠定了基础。通常而言，班组现场常用的基本管理方法为5W1H分析法的内容，如表1-2所示。

表 1-2　　　　　　　　　　　班组现场常用的 5W1H 分析法的内容

5W1H 法	目的	具体做法
①对象 (WHAT)	解决做什么的问题，即目标问题。	有哪些工作要做？其工作内容如何？为何要这么做？做这项工作的目的何在？
②目的 (WHY)	解决为什么要做的问题，找出理由，获取支持。	为什么一定要这样做？有什么理由进行此项工作？为何要依现行次序进行？如果不这样做，会带来哪些损失？
③场所 (WHERE)	解决在哪里做的问题，即环境问题。	这些工作在何处做？为何要在该处做？在别处做的生产效率是否会更高？在何处做最适合？做完后到哪里去？其前后关联性、协调性如何？
④时期 (WHEN)	解决什么时间做的问题，即起点问题。	什么时候开始做？要做多久？什么时候做完？改在别的时间做是否更有利？在何时做最好？
⑤人员 (WHO)	解决谁负责的问题，即事件的主体问题。	何人去做？为何由他做？是否可以由别人做？谁最适合做这件事？
⑥方法 (HOW)	解决怎么做的问题，即方法问题。	如何做（工作方法）？为何要采取这种方法？是否有比这更好的方法？如何做才能达到计划的目的？

二、5W1H 分析法的实施六大步骤

5W1H 分析法的实施的六大步骤如图 1-2 所示。

第一章 班组管理基本工具与方法

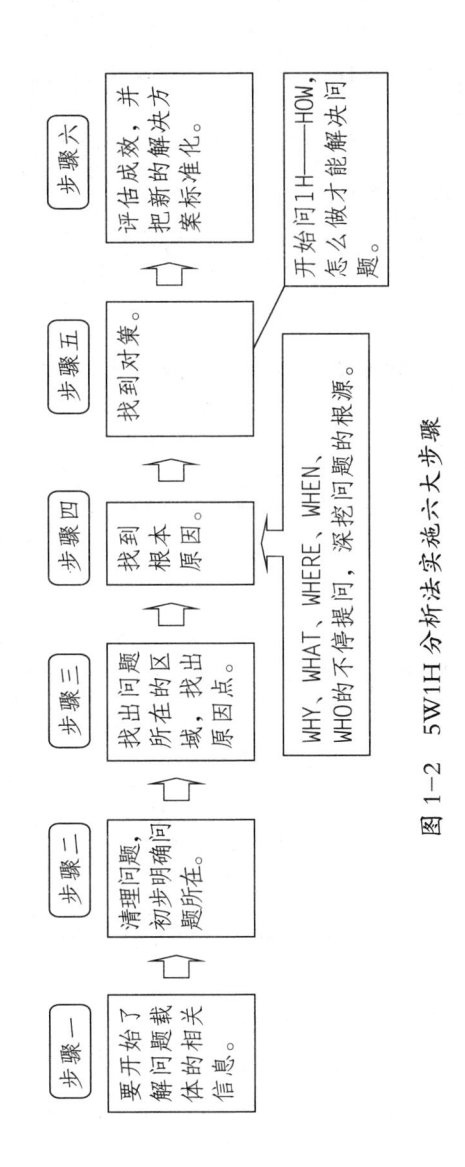

步骤一：要开始了解问题载体的相关信息。

步骤二：清理问题，初步明确问题所在。

步骤三：找出问题所在的区域，找出原因点。

步骤四：找到根本原因。

步骤五：找到对策。

步骤六：评估成效，并把新的解决方案标准化。

WHY、WHAT、WHERE、WHEN、WHO的不停提问，深挖问题的根源。

开始问1H——HOW，怎么做才能解决问题。

图1-2 5W1H分析法实施六大步骤

013

三、5W1H 分析法的 4 种分析方法

5W1H 分析法主要有取消、合并、改变和简化 4 种分析方法，可以对工作、工序、动作、布局、时间、地点等进行分析，形成一个新的人、物、场所结合新场景，如图 1-3 所示。

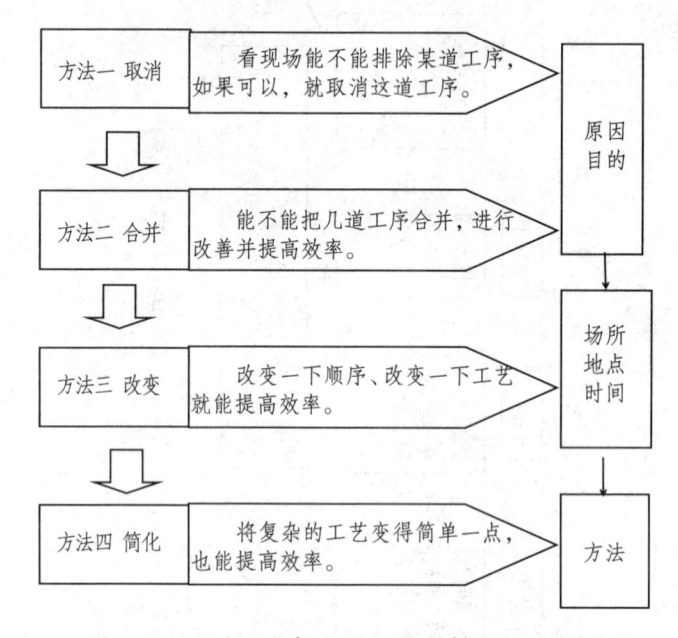

```
方法一 取消 → 看现场能不能排除某道工序，如果可以，就取消这道工序。  → 原因 目的
   ↓
方法二 合并 → 能不能把几道工序合并，进行改善并提高效率。  → 场所 地点 时间
   ↓
方法三 改变 → 改变一下顺序、改变一下工艺就能提高效率。
   ↓
方法四 简化 → 将复杂的工艺变得简单一点，也能提高效率。 → 方法
```

图 1-3　5W1H 分析法的 4 种分析方法示意图

四、5W1H 分析法的实际操作技巧

5W1H 分析法的特点就是通过连续 5 次发问，找出问题的症结，为解决问题提供一种新的方法。在工作中，班组长会经常遇到这样

那样的问题，这时就可以运用5W1H分析法分析问题，将有助于问题的处理。表1-3所示为5W1H分析法的实际操作技巧。

表1-3　　　　　　　　　　　　　　5W1H分析法的实际操作技巧

内容	5W1H	班组作业衡量项目	对策
对象	WHAT	这项作业的最终结果及衡量指标是什么。	取消不必要的作业。
目的	WHY	为什么这项作业如此重要或必要。	
场所	WHERE	这项作业应在什么作业场所进行。	如有可能，将其组合、合并或改变工序、步骤。
时期	WHEN	这项作业什么时间做，进度要安排适当。	
人员	WHO	这项作业安排了哪些人员操作，如何实施奖惩措施。	
方法	HOW	这项作业是否明确了作业方法和作业流程。	作业简化。

015

五、实例分析：企业会议 5W1H 解决方案

表 1-4 所示为某制盖有限公司生产会议 5W1H 解决方案。

第一章 班组管理基本工具与方法

表1-4 某制盖有限公司生产会议 5W1H 解决方案

序号	内容 (问题、议题) WHAT	目的 (目标) WHY	场所 WHERE	时期 (计划) WHEN	方法 (对策内容) HOW	责任 WHO	确认 HOW
1	库存数量不清 (马口铁、PVC)	把握库存	物料仓库	9月5日～10日	①马口铁每日存库； ②PVC粒子每日存库。	张侍	王芳 肖中兴
2	物料发单跟催	确保物料	相关部门	9月11日～15日	①发单检讨书； ②P/O发单管理表。	李思	黄安明
3	冲压机及模具确认修理	冲压不良零件起皱、擦伤	冲压部	9月11日～15日	①更换模具模块； ②模具模芯研磨圆角半径。	黄振一	肖中兴
4	试模	确认尺寸和修模效果	设备部等	9月15日～16日	①把模具安装到试模； ②尺寸检查。	罗任文 彭烨	魏善尚
5	开始量产	1000个	生产部	9月15日～20日	①工程确认； ②组装现状确认。	陈永武	周臣文

第三节　PDCA 改善循环法

一、PDCA 改善循环法的内容

（一）什么是 PDCA 改善循环法

美国贝尔实验室的休哈特博士最早提出了 PDS 循环，后经美国质量管理专家戴明博士进一步完善，发展成为了"计划－执行－检查－处理（Plan-Do-Check/Study-Act）"的质量持续改进模型。因此，PDCA 改善法循环又叫戴明循环法，由其每个英文单词的首字母组合而成。它是企业进行全面质量管理时所需遵循的科学程序，是全面质量管理活动的全部过程，也是质量计划的制订和组织实现的过程。戴明循环法与生产管理中的"改善""即时生产"紧密相关。

质量改进的 PDCA 循环 4 个阶段的内容如下所述。

P（Plan）——计划：通过集体讨论或个人思考确定某一行动或某一系列行动的目标、方针、管理项目、计划书等，确定活动计划，包括 5W1H。

D（Do）——执行：执行人按照计划去做，落实计划中的内容。

C/S（Check/Study）——检查：总结执行计划的结果。比如到计划执行过程中的"控制点""管理点"去收集信息，计划执行的怎么样？有没有达到预期的效果或要求？找出问题。

A（Action）——效果：对检查总结的结果进行处理，认可或否定。成功的经验加以肯定，模式化或者根据标准化执行；失败的教训加以总结，以免重现，并为制订下一轮改进计划提供参考资料。这一轮未解决的问题放到下一个 PDCA 循环里解决。

如图 1-4 所示，任何一个管理活动必须经历一个 PDCA 循环，如果能将这一个循环的经验标准化，从而就能巩固这次管理活动的成果。在完成一个管理活动后，提出更新、更高的要求，进行下一个 PDCA 的管理活动。

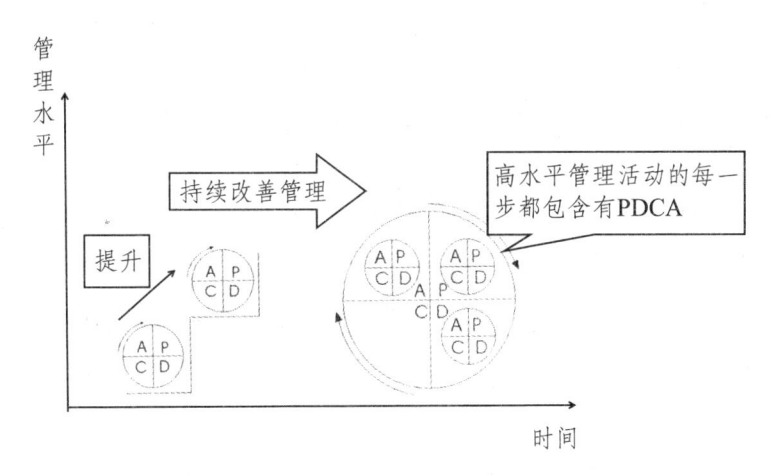

图 1-4　PDCA 循环图

（二）PDCA 改善循环法的 3 个特点

1. 大环带小环。如果把整个企业的工作作为一个大的 PDCA 循环，那各个部门、班组还有各自小的 PDCA 循环。以此形成大环带小环，环环相扣，互为补充、互相制约的统一有机体。通过各个小循环的不断转动，推动上一级管理循环，以至整个企业循环运行，实现企业预定的目标。

2. 阶梯式上升。PDCA 循环不是在同一水平上循环，每次循环都会解决一批存在的问题，取得一部分成果，工作就前进一步，水平就提高一步。每通过一次 PDCA 循环，都要进行总结，提出新的目标和内容，再进行第二次 PDCA 循环。这样一来，就可使产品质量水平和管理水平都提高一步。

3. 科学管理方法的综合应用。PDCA 改善循环法应用以 QC 七种工具为主的统计处理方法以及工业工程（IE）中工作研究的方法作为进行工作和发现、解决问题的工具。

二、PDCA 改善循环法的实施步骤

全面质量管理活动离不开管理循环。这就是说，改进与解决产品质量问题及赶超先进水平的各项工作，都要运用 PDCA 改善循环法的科学程序。例如，班组需要提高生产效率，就要先提出目标，再制订计划并执行，再按计划检查——是否达到预期的目标并找出问题和原因，最后进行处理，将经验和教训制订成标准、形成制度。图 1-5 所示为 PDCA 改善循环法的 8 个细分实施步骤。

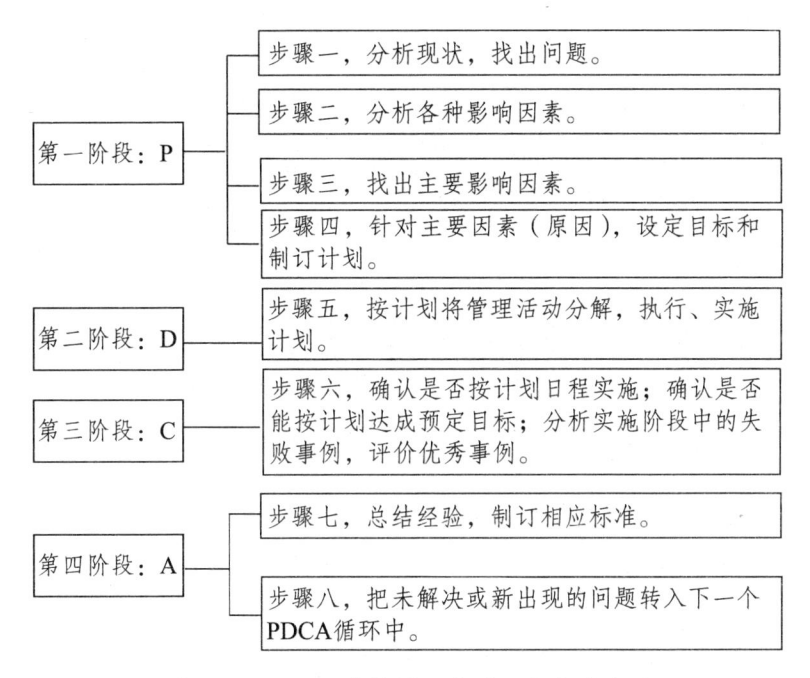

```
第一阶段：P ─┬─ 步骤一，分析现状，找出问题。
            ├─ 步骤二，分析各种影响因素。
            ├─ 步骤三，找出主要影响因素。
            └─ 步骤四，针对主要因素（原因），设定目标和制订计划。

第二阶段：D ─── 步骤五，按计划将管理活动分解，执行、实施计划。

第三阶段：C ─── 步骤六，确认是否按计划日程实施；确认是否能按计划达成预定目标；分析实施阶段中的失败事例，评价优秀事例。

第四阶段：A ─┬─ 步骤七，总结经验，制订相应标准。
            └─ 步骤八，把未解决或新出现的问题转入下一个PDCA循环中。
```

图 1-5　PDCA 改善循环法的 8 个实施步骤

三、PDCA 改善循环法应用实例

车间的实际情况不同，生产能力的计算就有相当大的变数。因此，生产能力的计算就具有一定的难度，而用 PDCA 改善循环法就能很好地解决这个问题。图 1-6 所示为某厂机械加工工段生产能力的示意图。下面，我们以该工段为例来说明 PDCA 改善循环法在生产管理中是如何应用的。

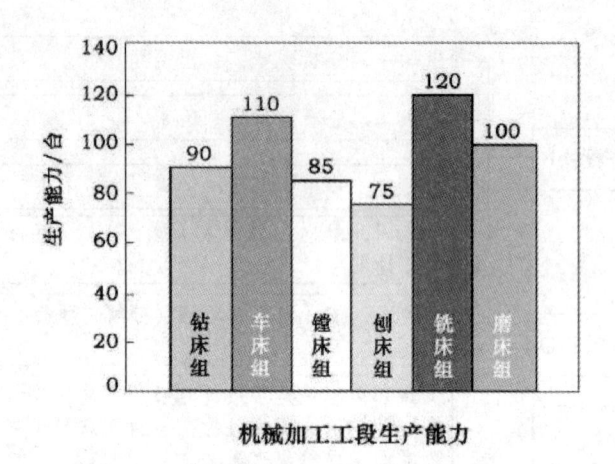

图 1-6　某厂机械加工工段生产能力图

　　从图 1-6 中可以看出，6 个设备组的生产能力是不相等的。假设本月要求生产 100 台机器，则可以发现钻床组、镗床组和刨床组的生产能力是薄弱环节，而车床组、铣床组为富裕环节。由于工段(车间)的生产能力取决于最低的要素，即刨床组的生产能力——只能生产 75 台机器。要完成 100 台机器的生产任务，就需要增加设备来补充不足，而我们的设想是不增加或少增加设备来解决问题。因此，我们可以用 PDCA 改善循环法分析问题并找到相应的解决办法，具体步骤与实施方法如表 1-5 所示。

表 1-5　　　　　　　　　PDCA 改善循环法具体步骤与实施方法

PDCA 法	具体步骤	实施方法
P—现场工作的计划	①分析现状，找出存在的问题。	解决薄弱环节和富裕环节的均衡问题，从而在内部挖潜上扩大生产能力。
	②分析产生问题的各种原因或影响因素。	以主要设备组的生产能力作为综合平衡的依据。发现各生产班组的生产能力不相等，存在不均衡问题。
	③找出主要影响因素。	钻床组、镗床组和刨床组的薄弱环节问题是主要影响因素。
	④制订消除薄弱环节的措施。	根据综合平衡后的结果，采取以车代镗、以铣代刨的办法来消除薄弱环节；对钻床组则可以采取技术革新或增加班次的办法解决生产能力不足的问题。
D—实施的阶段	⑤执行计划。	根据措施来制订计划并严格按计划执行、落实。
C—检查	⑥调查和评价阶段。	采取上述措施后，可以计算相应的指标并对其进行分析。如果符合预计的指标参数，则可以认为工段生产能力可以达到月生产100台机器的水平，完全可以解决生产中的问题。
A—处理	⑦巩固阶段。	将工作结果标准化、制度化。
	⑧提出新的目标。	提出尚未解决的问题并进行新的 PDCA 循环。

第四节 现场巡查法

现场巡查法是指管理者深入作业现场执行管理职能,发现问题并即时决问题的一种现场管理的作业方法。现场巡查法是以"巡"与"视"为主的作业行为,并且其行为的范围约定在企业各类作业的发生点和进行地。

一、现场巡查法的内容

(一)掌握生产进度

生产进度落后是许多企业生产作业管理的通病。因此,是否能够准确掌握进度情况也就成为生产现场巡查的主要内容之一。但是,如果想通过现场巡查发现问题,需要巡查者对生产进度了解及对生产工序非常熟悉。

(1)要熟知产品及产品零部件。作为班组长,为了判断班组是否按计划在进行生产,应当一看到生产线上的半成品或零部件就知道是哪一个订单的产品,或者是哪一个型号的产品。

（2）要了解产品的生产工艺。了解产品的生产工艺可以更好地在巡查过程中发现问题，便于对各道工序的生产平衡状况进行评价。比如，有无下道工序急着要的零部件——上道工序已经生产出来却迟迟未见交出等现象。

（3）要从产品一上线就进行巡查。每一款产品刚上生产线或刚进行开料时，要及时进行跟踪巡查，便于准确跟踪进度，有利于全面把握生产进程，及时发现问题。

表1-6所示为某员工每日作业实绩表。

（二）发现质量问题

以下是容易出现质量问题的环节，应该在巡查时多加注意，要多花时间观察并认真检查。

（1）要注意质量问题多发环节。如一款产品的生产过程中或一个企业生产流程的若干道工序中，一般都存在着一个或几个品质问题的多发环节。这个环节可能是某台设备经常出现问题或产生较大的加工误差，也可能是某一工艺技术一直不成熟，也可能是控制水平不过关或人为因素，等等。

（2）要注意手工作业集中的工序。由于手工作业是凭借每一个人不同的工作经验、理解力、反应能力、责任心等因素操作的，所以，产品的质量差别会很大，难于对产品的质量把控。

（3）要注意关键工序的质量问题。每一款产品的生产都有一两个关键工序，它直接影响产品的质量。

（4）要注意新工艺、新材料。用到新工艺或使用新材料的工序或部位，往往都会因为技术的不成熟或经验的不足出现各种问题。

（5）新工人较多的工序。工人工作经验不足也是出现问题的原因之一，新工人较多的工序常常是问题多发、效率最低和管理较难的工序。

表1-6　　　　　　　　　　　　　　　　　　　　　某员工每日作业实绩表

作业周期	作业内容	所用时间	作业价值	备注
8:00—11:30	A型齿轮倒角	3.5小时	产生价值	210分钟齿轮倒角190个，可直接为公司创造利润290元。
12:00—13:30	参加质量分析会议	1.5小时	不产生价值	会议，客户也不买单。
13:30—16:00	B型齿轮铣端面	2.5小时	产生价值	150分钟齿轮倒角75个，可直接为公司创造利润200元。
16:00—16:30	A、B型齿轮生产统计及废品处理	0.5小时	不产生价值	
分析说明	该员工当日有价值的工作只有6小时。所以，对该员工工作实绩的检查就从其余的2小时作业内容开始着手。			

（三）检查作业人员作业方法是否正确

进行操作方法的巡查前，班组长应该好好地研究和熟知操作方法，并建立作业标准文件。这样一来，在现场巡查时，班长才能深入细致地观察。巡查时，特别要对关键工序和工作环节留意，不能放过任何违反操作要求的做法。

巡查作业人员作业方法的主要内容如图1-7所示。

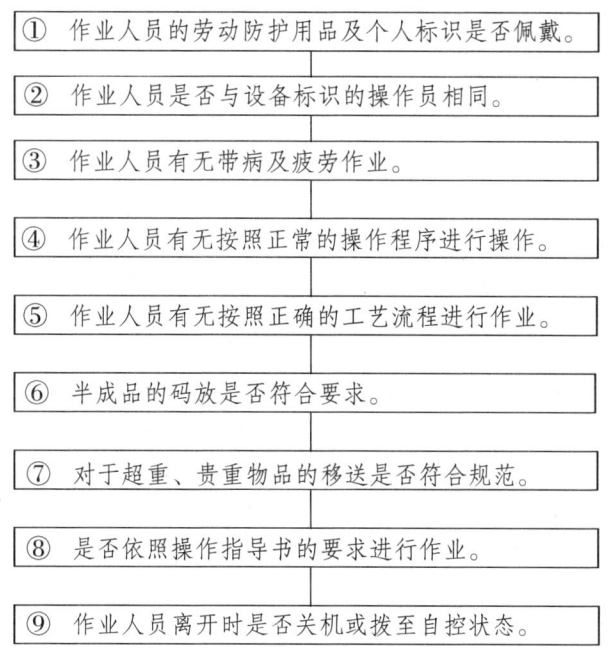

① 作业人员的劳动防护用品及个人标识是否佩戴。
② 作业人员是否与设备标识的操作员相同。
③ 作业人员有无带病及疲劳作业。
④ 作业人员有无按照正常的操作程序进行操作。
⑤ 作业人员有无按照正确的工艺流程进行作业。
⑥ 半成品的码放是否符合要求。
⑦ 对于超重、贵重物品的移送是否符合规范。
⑧ 是否依照操作指导书的要求进行作业。
⑨ 作业人员离开时是否关机或拨至自控状态。

图1-7 巡查作业人员作业方法的主要内容

（四）检查安全事项

检查安全事项时主要通过"看、闻、听、摸"的方法，注意防范以下 4 类安全事故，如图 1-8 所示.

第一章 班组管理基本工具与方法

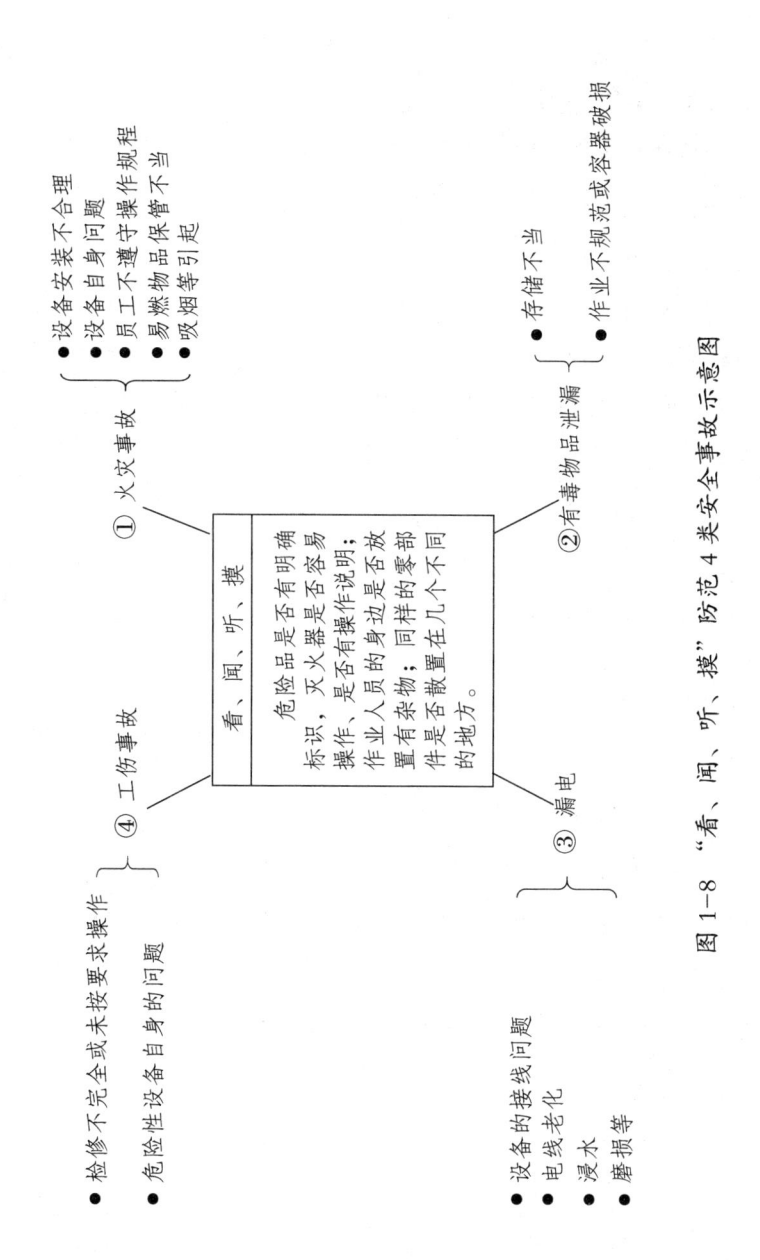

① 火灾事故
- 设备安装不合理
- 设备自身问题
- 员工不遵守操作规程
- 易燃物品保管不当
- 吸烟等引起

② 有毒物品泄漏
- 存储不当
- 作业不规范或容器破损

看、闻、听、摸

危险品是否有明确标识,灭火器是否容易操作,作业人员的身边是否有杂物;同样的零部件是否散置在几个不同的地方。

④ 工伤事故
- 检修不完全或未按要求操作
- 危险性设备自身的问题

③ 漏电
- 设备的接线问题
- 电线老化
- 浸水
- 磨损等

图1-8 "看、闻、听、摸"防范4类安全事故示意图

(五)检查现场作业人员工作状态

巡视现场整体工作气氛及作业人员的工作状态、精神状态。检查作业人员出勤情况，是否有换岗、离岗行为；是否有干私活的行为；工作是否认真，有无不专注作业的现象。

(六)检查看板

检查看板的内容，有无文不对题、形式主义和做表面文章的现象；看板所反映的资料是否按要求及时更换，是否是新的；看板的位置、高度是否合适；看板上有无泄露商业机密等。

(七)车间现场工作状况总体评价

通过事先准备好"检点表"，巡视时检查作业率、设备开机率和现场5S管理的落实情况及半成品的管理状况等。班组长可边检查边打分，对班组工作作出总体评价，找出差距，发现不足，便于及时整改。

二、生产现场巡查的方法

表1-7所示为生产现场巡查的方法。班组长可以根据不同情况选择不同的方法：可以选择单一方法，也可以多种方法相结合。比如班组长可以采用不定期巡视法和全面巡视法相结合，也可以采用群体巡视法和重点抽查法相结合，以更好地达到巡视现场的目的。

表 1-7　　　　　　　　　　　　　　　　　　生产现场巡查的方法

生产现场巡查的方法	定义与内容	举例
定期巡视	按确定时间巡视，是一种常规的巡视方法。	每周一，管理者对各个工作部门巡视。每天上午工作前，对作业人员及生产现场进行巡视。
不定期巡视	一种机动进行的巡视，可以在任何时候对生产现场进行巡视。	作业人员的素养巡视，生产安全巡视，物品摆放巡视。
个人巡视	一个人单独进行巡视，巡视内容由工作性质而定。	某部门经理或班组长巡视。
群体巡视	各部门人员集中起来组成一个巡视小组，对生产现场进行大规模的巡视。	每周五，公司安全小组对生产现场的安全大检查。
重点巡视	对重点生产环节、重要工序和工作点及关键产品等所做的有重点的工作抽检。	班组长每日要对重要生产环节、重要工序和工作点及关键产品等进行重点抽检。
一般巡视	对日常生产环节、工序及5S管理落实情况等进行常规检查。	每日，班组长要对班组现场的5S管理落实情况进行常规检查。
全面巡视	对整个生产现场的巡视，对各车间及各班组的生产、物控、品管和劳动纪律等的巡查都属于巡视的内容。	车间主管每日要对各班组的生产、物控、品管及劳动纪律等进行全面巡视，以全面掌握整个车间的生产情况。
专题巡视	根据巡视内容（如生产进度巡视、物料利用率巡视等）进行的巡视。	班组长每日定期进行产品的生产进度巡视，及时发现并解决问题。

三、生产现场巡视的要求

生产现场巡视的要求如图 1-9 所示。

第一章 班组管理基本工具与方法

```
┌─────────┬─────────┬─────────┬─────────┐
① 及时     ② 把握重点  ③ 要有目的  ④ 做好记录  ⑤ 总结成果
在问题出   对重点     带着问     随身必带   综合分
现之前要发  问题进行深  题去巡视，  工具，巡视  析记录，写
现它，解决它。 入探寻。    如发现产品  发现的问题  好综合评价
                      的不合格率。 要记录下来。 报告。
```

图1-9 生产现场巡视的要求

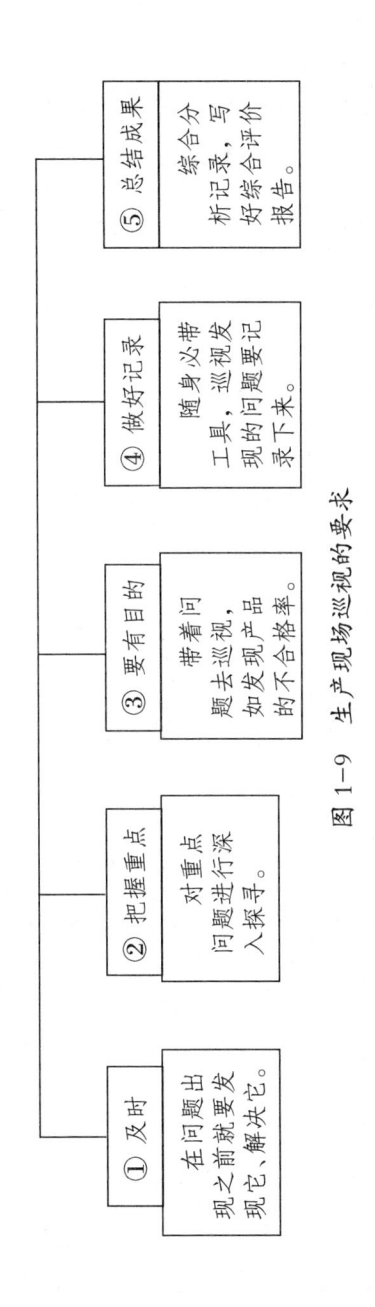

四、班组长现场巡查法的应用实例

表1-8为某企业某班组长的巡查方法。

表1-8　　　　　　　　　　　　　　　　　　某企业某班组长巡查方法

巡查时间	巡查内容	巡查工具
1. 早上上班后30分钟全区巡查	①带上自己的接班人。 ②发现不合理的地方，让自己的接班人去处理。 ③发现与质量有关的问题，严格对待，并指示到个人。 ④一时不能明了的问题，立即派人去调查。 ⑤召开现场会，与相关负责人共同评价刚才发现的问题，并立即下达新的指示。 ⑥对看到的人际关系的不和谐处也应给予协调和明确的指导。	观测工具——码表，对进行中的作业时间和速度进行观测。 测量工具——卷尺，对工位布置和作业空间高度进行测量。 计量工具——手压式计数器，用来及时了解生产数量与目标数量的差距。 记录用具——记录纸和原子笔，记录在现场看到的不良情况并分析原因。 文件夹板，用来夹住记录纸，以便在现场巡查过程中记录。 小型计算器，在现场对测量、观测的结果进行及时计算。 "各相关部门联络表"。 "每日作业实绩表"。
2. 下班前30分钟全区巡查	①仔细检查机器运转情况。 ②以数值掌握不良品的发生概率。 ③观察从业人员的健康状态。 ④听取有关工作延迟、制品不良及与其他部门之间的纠纷等当日问题点的报告。 ⑤综合整理这些问题点，并给出解决办法。部门之间的问题要亲自联络并及时向员工反馈联络进度。 ⑥计划第二日的工作：将因计划变更第二日工作内容的更改告知所有组员；为第二日工作准备材料、机器、工模、工具等。	

第五节　工作汇报法

工作汇报是指下级或下属部门向上级领导或上级部门所做的阶段性工作情况说明，也是上下级之间的一种良好的沟通形式。在生产现场，班组长执行的主要内容有工作计划、上级的指示、人员安排等，这些内容在执行过程中都需要及时报告。例如，生产准备工作对于一天生产相当重要，班组长一定要正确报告准备结果。通过这种工作汇报方式，不仅可以使上级了解你班组的工作，使下级明白你班组长的意图，还可以增进上下级之间的感情和相互了解。

一、听取工作汇报

一个优秀的班组长，必须对所管辖班组的工作情况了如指掌。一方面通过了解下属的作业进度和材料供应、销售情况、计划执行状况、机器设备的运转状况等情况，及时掌握生产动态和异常情况等；另一方面，通过听取员工汇报可以及时发现班组工作中存在的困难和问题，加以研究和解决，提高绩效。

二、做工作汇报的意义

对班组长来说，定期或不定期的工作汇报，可以及时求得上级援助，特别是在班组长遇到自己职权范围内无法解决的难题，得到上级领导的指示或是授权处理能及时有效地解决问题，也使企业能够很好处理生产现场那些风险和责任较大的事项；同时，让上级领导了解自己，发现自己的成绩和才能，在适当的时候得到更好的施展才华的机会。

三、汇报内容和汇报方式

（一）汇报内容

汇报内容包括：准备的现状、效果和结果，已经解决了哪些重要问题，现在的工作难点问题和异常问题有哪些，还存在哪些问题需解决，有哪些必要的建议，目前潜在的问题有哪些，需要获得上级哪些支援。

（二）汇报方式

工作汇报方式主要有书面报告、口头报告、异常报告、免除报告和信号指示等，如图 1-10 所示。

在实际工作中，具体选择哪种方式进行工作汇报，主要取决于企业生产的产品的情况和当前推行的管理方式，也与企业文化和人员素质有关联。

第一章　班组管理基本工具与方法

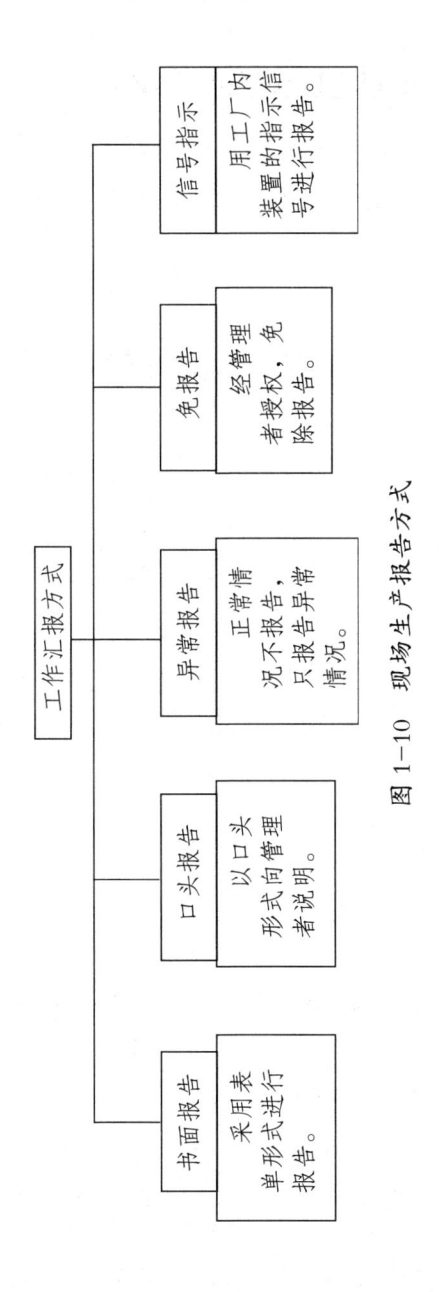

工作汇报方式
- 书面报告：采用表单形式进行报告。
- 口头报告：以口头形式向管理者说明。
- 异常报告：正常情况不报告，只报告异常情况。
- 免报告：经管理者授权，免除报告。
- 信号指示：用工厂内装置的指示信号进行报告。

图1-10　现场生产报告方式

037

四、汇报的时机与报告注意点

（一）汇报的时机

工作汇报有 3 个最佳时机，其具体内容和过程与适合范围如表 1-9 所示。

表 1-9　　　　　　　　　　　　　　　　　　　　　　　　汇报的时机

报告的时机	具体内容和过程	适合范围
第一时机	准备工作全部完成，包括把出现的异常状况已处理完毕。	适合于新产品、有问题的产品、关键产品和特殊产品的报告，这也是最常用的一种汇报方式。
第二时机	完成"首件"产品的产出。	适合于班组长，是常规产品报告。
第三时机	"首件"产品被 QA 部检验合格。	适合于班组长被广泛授权的常规生产产品报告。

（二）报告注意点

1. 经常汇报，易获得上级理解、支持及信任。报告尽可能简明扼要。

2. 汇报一定要显示明确的结果，要能让上级立刻感知是与否。

3. 要依据事实的基础报告，千万不可伪造。把所有问题点罗列出来，按重要程度分层次汇报。

4. 报告问题时，先说自身方面的问题及要采取的对策，然后基于事实指出他人或其他部门的问题。不要被动接受上级的命令，要主动发现和解决问题。

5.善于打破现状，创造的工作成果超过上级的预期。

五、制造部某班组长的成果报告书

表1-10所示为某企业制造部某班组长的成果报告书。

表 1-10　　　　　　　　　　　　　　　　　　制造部班组长成果报告书

姓名：高益	NO2011-WQ76	职务：班长
本人现担当业务	1.维护生产线的正常运转，完成计划产量。 2. QC 的推进，新机种准备，人才育成。	日常管理项目	生产产值，质量合格率，改善效率，人员效率，产品成本等。
主要成果	分别列出本年度取得的成果	取得成果的方法
	（柱状图：元/人，数值 10000、20000、30000、40000，月份 1月—12月，图例：基板人均产值、晶棒人均产值）	1.在上级的指导下，进行提高生产效率的活动，在实施的过程中积累了不少经验。从 2 月份开始实施，生产产值有一定增加。 2.1月、2月有新员工加入，由于训练时间不充分，上岗后生产的产品出现不少品质问题，也造成了不少的产品不良问题。今后，对作业者加强品质意识的教育。 3.2011 年上半年每月停线 29 分钟，设备故障造成，应加强设备运行知识的培训。 4．在上级的指导下及各组长努力下，生产一线在 7 月份参与改善的人数的数量有所提高。
自己担当工作中（或其他班组）以后最需要解决或改善的问题 1.新产品品质的稳定问题。2.产品成本核算，消除浪费。	
本人超群或优势之处	本人的不足及如何加以改善
1.热心积极、吃苦耐劳。 2.责任心强，能在主管的指导下充分发挥自己的能力去推进各项工作。	1.以后对产品成本多进行测算，管理好现场，消除浪费。 2.虚心向领导及同事学习，提高自己处理生产异常的能力。

第六节　头脑风暴法

一、概述

美国人奥斯本创立了头脑风暴法,头脑风暴法又称脑力激荡法、畅谈会法,从 20 世纪 50 年代开始流行。它是一种邀请专家、内行,针对组织内某一个问题集体思考、分析,让大家集思广益进行决策的方法。

二、四大原则

头脑风暴法的创始人奥斯本提出了头脑风暴法的四大实施原则,如图 1-11 所示。

```
┌──────────┬──────────┬──────────┬──────────┐
│ 原则一   │ 原则二   │ 原则三   │ 原则四   │
│          │          │          │          │
│ 禁止做任 │ 鼓励"自  │ 鼓励每个 │ 欢迎大家 │
│ 何批判。 │ 由想象", │ 人打开思 │ 将几个创 │
│ 对于创意 │ 建议越多 │ 路,想法  │ 意综合起 │
│ 或发言内 │ 越好。在 │ 越新颖、 │ 来补充完 │
│ 容的正误、│ 这个阶   │ 奇异越好,│ 善,或对他│
│ 好坏,不要│ 段,参与者│ 就越有可 │ 人的创意 │
│ 做任何批 │ 不要考虑 │ 能获得的 │ 做改善。利│
│ 判。     │ 自己建议 │ 奇特的更 │ 用他人提 │
│          │ 的质量,想│ 多的有价 │ 出的创意,│
│          │ 到什么就 │ 值的构想 │ 结合自己 │
│          │ 应该说出 │ 或创意。 │ 的创意提 │
│          │ 来。     │          │ 出另一个 │
│          │          │          │ 新构想。 │
└──────────┴──────────┴──────────┴──────────┘
```

图 1-11 头脑风暴法的四大实施原则

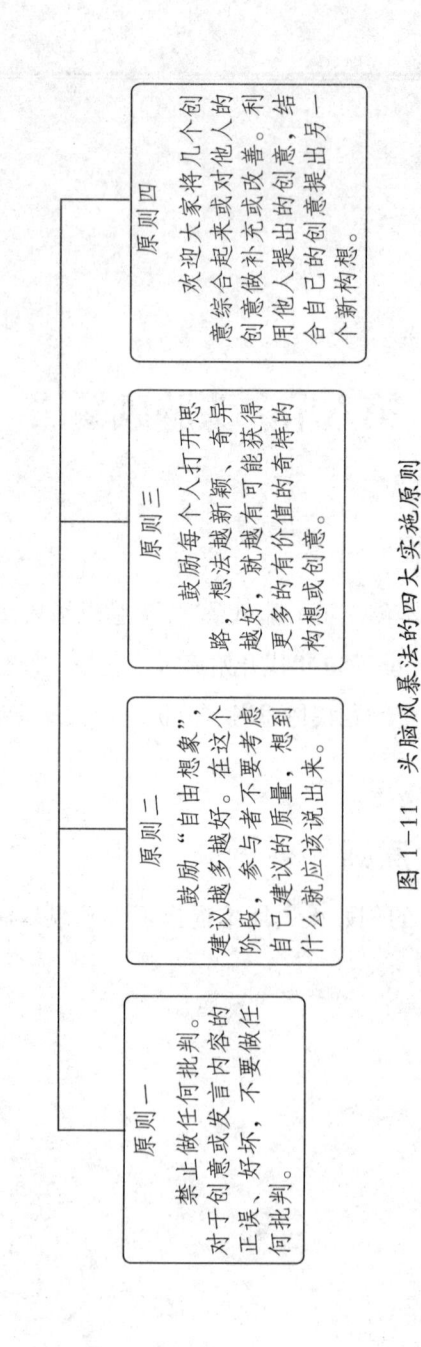

三、具体操作步骤及其内容

图 1-12 所示为头脑风暴法的具体操作步骤及内容。

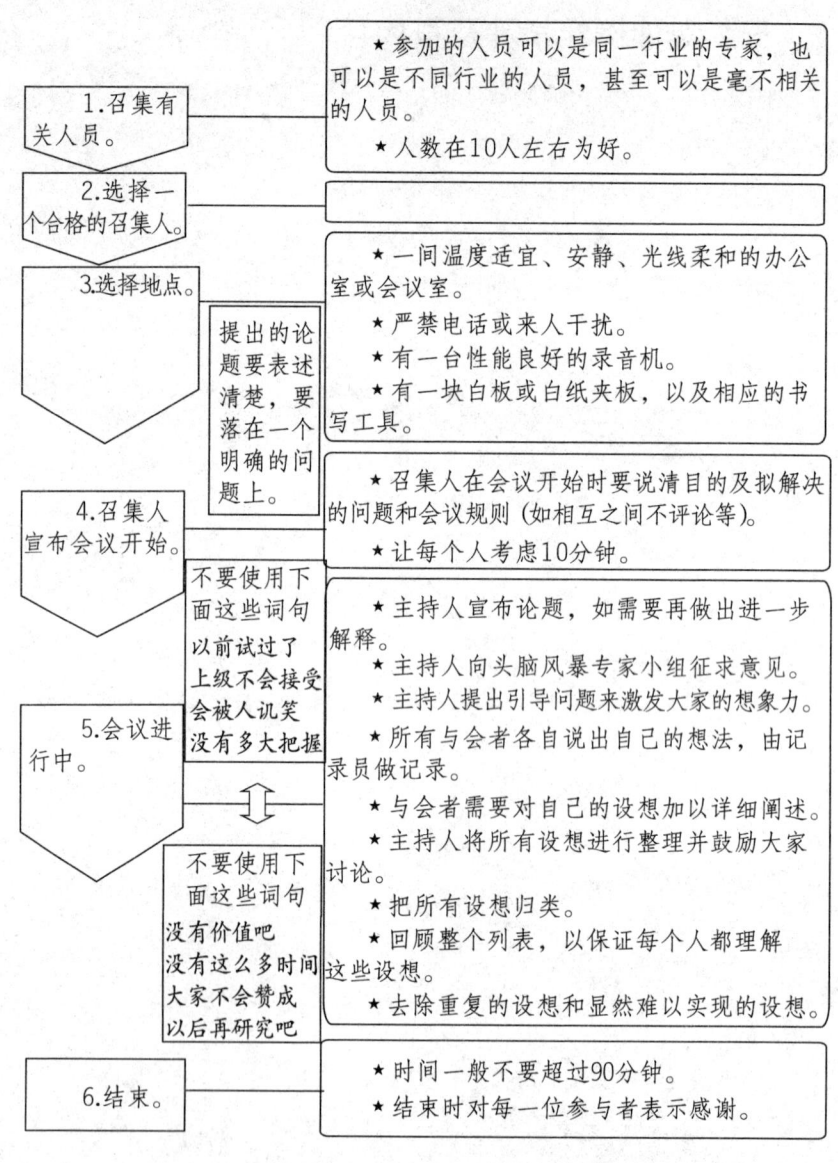

卓越班组长工作手册：实用工具与方法

步骤	说明	要点
1.召集有关人员。		★参加的人员可以是同一行业的专家，也可以是不同行业的人员，甚至可以是毫不相关的人员。 ★人数在10人左右为好。
2.选择一个合格的召集人。		
3.选择地点。	提出的论题要表述清楚，要落在一个明确的问题上。	★一间温度适宜、安静、光线柔和的办公室或会议室。 ★严禁电话或来人干扰。 ★有一台性能良好的录音机。 ★有一块白板或白纸夹板，以及相应的书写工具。
4.召集人宣布会议开始。		★召集人在会议开始时要说清目的及拟解决的问题和会议规则（如相互之间不评论等）。 ★让每个人考虑10分钟。
5.会议进行中。	不要使用下面这些词句 以前试过了 上级不会接受 会被人讥笑 没有多大把握	★主持人宣布论题，如需要再做出进一步解释。 ★主持人向头脑风暴专家小组征求意见。 ★主持人提出引导问题来激发大家的想象力。 ★所有与会者各自说出自己的想法，由记录员做记录。 ★与会者需要对自己的设想加以详细阐述。 ★主持人将所有设想进行整理并鼓励大家讨论。 ★把所有设想归类。 ★回顾整个列表，以保证每个人都理解这些设想。 ★去除重复的设想和显然难以实现的设想。
	不要使用下面这些词句 没有价值吧 没有这么多时间 大家不会赞成 以后再研究吧	
6.结束。		★时间一般不要超过90分钟。 ★结束时对每一位参与者表示感谢。

图1-12 头脑风暴法的具体操作步骤及内容

四、运用范围和效果

头脑风暴法运用范围非常广，常用在决策的早期阶段，大至解决企业发展过程中的重大问题，尖端科技的创新，组织中的新问题和物品改良；小至家庭或个人琐碎事疑难的排除。无论是在企业、商业情景，还是在教育中，头脑风暴法都是一种很普遍的方式。头脑风暴法确是参与者乐于接受的一种有趣的集思广益的方法，使其打破了部门与基层的层级藩篱，鼓励每一成员对组织皆有所贡献。头脑风暴法鼓励合作与协同，对于发展企业的班组团队工作有相当大的帮助作用和益处。

五、焊接质量缺陷分析实例

某电子有限公司为了提高产品焊接质量，该公司的焊接班组利用头脑风暴法开展焊接质量缺陷分析活动。

首先，主持人展示 SMT 生产线的焊接缺陷图例，包括①焊膏未熔融；②焊料量不足；③焊料润湿不良；④焊料桥连；⑤焊料球；⑥元器件位置偏移；⑦引脚吸料现象。

其次，利用头脑风暴法开展班组讨论活动。选缺陷 S 进行讨论，分析过程贯穿 SMT 生产线的始终，从元器件开始，到回流焊结束，给出了几乎涵盖了 SMT 生产线近十种的影响因素，包括"助焊剂蒸发速度过快""回流焊预热时间不足""锡膏粉末表面氧化程度过高""锡膏粘度过低""环境湿度过高"等。每个组员完成发言，充分讨论。最后由班组长总结。以此，利用头脑风暴法达到了对焊接质量缺陷分析的预期效果。

第七节　目标管理

一、目标管理的内涵

目标管理是美国管理学大师彼得·德鲁克在其名著《管理实践》中首先提出的。所谓目标管理，是指由下级与上级共同决定具体的绩效目标，被管理者自主控制达标的过程，也是管理者通过定期检查完成目标进展情况而实行最终成果控制的一种现代管理方法。目标管理目的就是让具体展开的工作目标成为组织内每个员工、每个部门行为的方向并激励、调动广大员工的积极性；同时，又使其成为考评组织内每个员工、每个部门工作的成效和标准，从而使组织能够有效运作。

目标管理法最先由美国通用电气公司采用，并取得了明显效果。其后，在美国、日本及西欧的许多国家和地区得到迅速推广。在企业管理领域，一般由高级管理者设定经营战略目标、中层管理者设定中级目标、基层管理者设定初级目标、员工制订方案，促使企业员工投身到企业经营活动中去，确保实现总目标。

二、如何设定班组目标

目标管理是以工作和人为中心的管理方法。班组目标管理具有不同于其他管理层次的特征，它是一种班组分目标同企业的总目标密切结合的管理；是高效率、有效化管理和成果管理的前提；是一种全员参与的民主管理、自我控制的自觉管理。

班组目标管理的主要内容包括安全生产目标、生产任务目标，年度培训计划及小改革目标等内容的管理。班组的工作目标必须设定在班组的管理程序之中，即认真落实岗位责任制，把班组各项目标落实到人、责任到人，使每个人的目标任务具体、责任明确；有效地建立个人考核体系，并与奖金及奖励挂钩；开展评比竞赛活动，实行工作目标图表管理；引导和激励任务承担者朝着统一的方向努力，以求在班组工作中获得预期的最佳效果。

图1-13所示为某汽车有限公司总装班的班组目标设定。

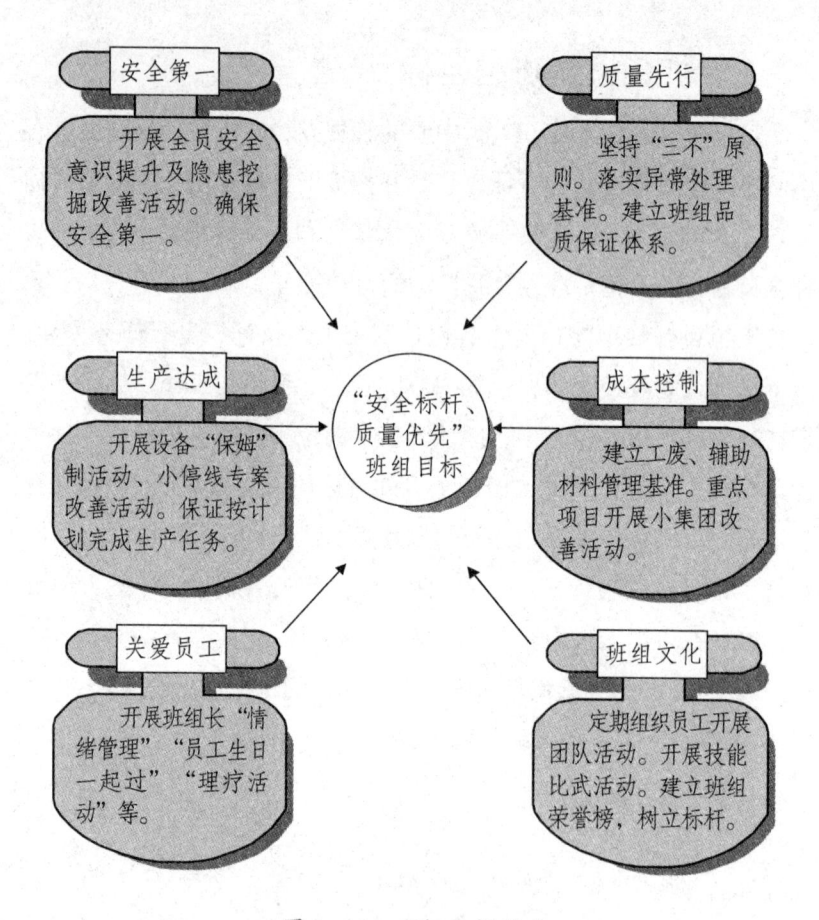

```
         安全第一                    质量先行
    开展全员安全              坚持"三不"原
    意识提升及隐患挖          则。落实异常处理
    掘改善活动。确保          基准。建立班组品
    安全第一。                质保证体系。


      生产达成      "安全标杆、      成本控制
    开展设备"保姆"   质量优先"     建立工废、辅助
    制活动、小停线专案  班组目标    材料管理基准。重点
    改善活动。保证按计              项目开展小集团改
    划完成生产任务。                善活动。


       关爱员工                      班组文化
    开展班长"情               定期组织员工开展
    绪管理""员工生日          团队活动。开展技能
    一起过""理疗活            比武活动。建立班组
    动"等。                   荣誉榜，树立标杆。
```

图 1-13　班组目标设定

三、目标管理的过程

目标管理的过程主要是由目标设定、目标实施和目标成果评价3个阶段组成。图 1-14 为目标管理全过程的操作方法。

第一章 班组管理基本工具与方法

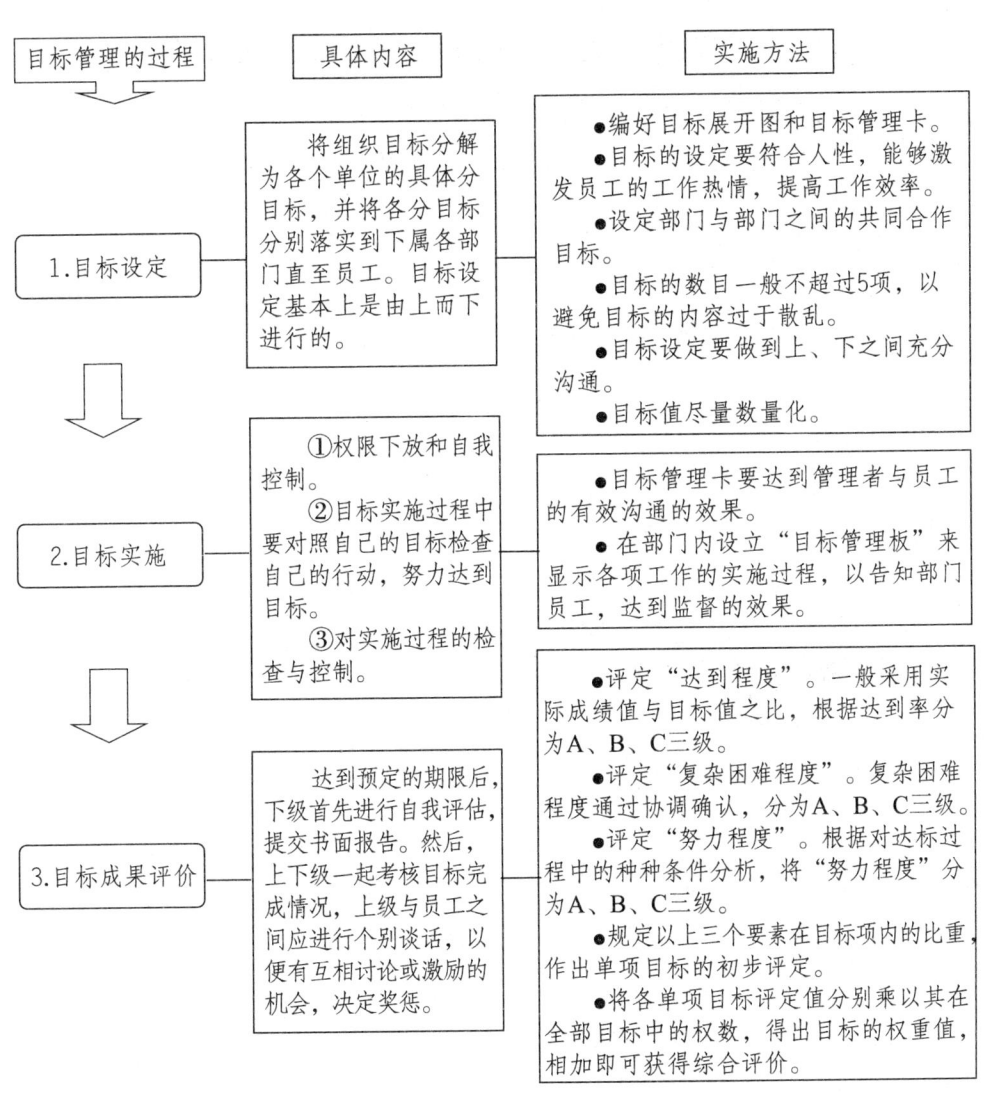

目标管理的过程	具体内容	实施方法
1.目标设定	将组织目标分解为各个单位的具体分目标，并将各分目标分别落实到下属各部门直至员工。目标设定基本上是由上而下进行的。	● 编好目标展开图和目标管理卡。 ● 目标的设定要符合人性，能够激发员工的工作热情，提高工作效率。 ● 设定部门与部门之间的共同合作目标。 ● 目标的数目一般不超过5项，以避免目标的内容过于散乱。 ● 目标设定要做到上、下之间充分沟通。 ● 目标值尽量数量化。
2.目标实施	① 权限下放和自我控制。 ② 目标实施过程中要对照自己的目标检查自己的行动，努力达到目标。 ③ 对实施过程的检查与控制。	● 目标管理卡要达到管理者与员工的有效沟通的效果。 ● 在部门内设立"目标管理板"来显示各项工作的实施过程，以告知部门员工，达到监督的效果。
3.目标成果评价	达到预定的期限后，下级首先进行自我评估，提交书面报告。然后，上下级一起考核目标完成情况，上级与员工之间应进行个别谈话，以便有互相讨论或激励的机会，决定奖惩。	● 评定"达到程度"。一般采用实际成绩值与目标值之比，根据达到率分为A、B、C三级。 ● 评定"复杂困难程度"。复杂困难程度通过协调确认，分为A、B、C三级。 ● 评定"努力程度"。根据对达标过程中的种种条件分析，将"努力程度"分为A、B、C三级。 ● 规定以上三个要素在目标项内的比重，作出单项目标的初步评定。 ● 将各单项目标评定值分别乘以其在全部目标中的权数，得出目标的权重值，相加即可获得综合评价。

图1-14 目标管理的过程示意图

四、某数控加工班组年度任务目标达成情况

某数控加工班组围绕年度目标和任务，开展创建优秀班组的活动。通过认真策划、狠抓落实，以饱满的精神状态和务实的工作作风，克服各种难关落实管理目标，圆满完成各项管理目标，并实现了年度绩效等多项指标的突破。2013年1月~12月，该班组均达到了年度设定的指标（见表1-11）。

表1-11　　　　　　　数控加工班2013年1月～12月指标完成情况

项目	目标值	进取值	实现值	完成情况
年度工时人均递增率	8%	9%	10%	超额完成
产品一级品率	100%	100%	100%	持平
作业计划及时完成率	92%	93%	95.6%	超额完成
临时任务完成率	100%	100%	100%	持平
人均年培训学时	20h	25h	30h	超额完成
技术质量改进创新	5项	6项	8项	超额完成
节约成本	6万元	16万元	16万元	超额完成
用户满意度	90%	90%	90%	持平
合理化建议	3条/人	4条/人	5条/人	超额完成
安全事故	"零"	"零"	"零"	持平
自主管理课题	2个	组织自主管理培训、工程师技术支持两个课题。	组织自主管理培训、工程师技术支持两个课题。	持平

第八节　ABC时间管理法

一、概述

　　ABC时间管理法，就是以事务的重要程度为依据，按照待办的事务的优先顺序（即按从重到轻的顺序划分为A、B、C3个等级）完成任务的做事方法。这种方法可以有效解决因日常事务异常繁乱而陷入混乱的状况，使学习、工作和生活等活动有条不紊地进行。图1-15所示为ABC时间管理法的特征及管理要点。需要注意的是：A级事务虽然重要，但未必就要第一时间去做，这是由时间的效益性决定的。有时候，紧急的事务虽然不重要，但要优先处理。

第一章 班组管理基本工具与方法

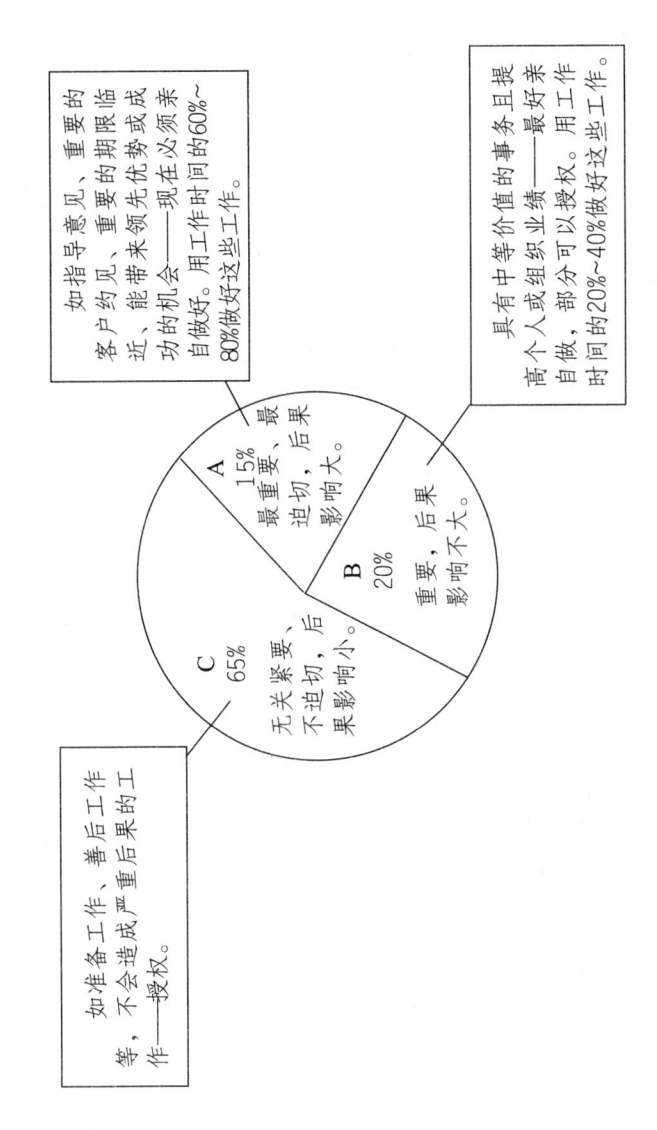

如指导意见、重要的客户约见、重要的期限临近、能带来领先优势的机会——现在必须来自做好。用工作时间的60%~80%做好这些工作。

具有中等价值的事务且提高个人或组织业绩——最好来自做，部分可以授权。用工作时间的20%~40%做好这些工作。

A 15% 最重要、最迫切，后果影响大。

B 20% 重要，后果影响不大。

C 65% 无关紧要、不迫切，后果影响小。

如准备工作、善后工作等，不会造成严重后果的工作——授权。

图1—15 ABC时间管理法的特征及管理要点

053

二、四象限时间管理方法

著名管理学家科维提出了一个时间管理的理论，把工作按照重要和紧急两个不同的维度进行了划分，将所有要做的事情分为4种：①紧急而重要的事情；②紧急而不重要的事情；③不紧急而重要的事情；④不紧急且不重要的事情。以上4种事情可以分为4个"象限"，如图1-16所示，即为四象限时间管理方法。

第一章　班组管理基本工具与方法

图 1-16　四象限时间管理方法

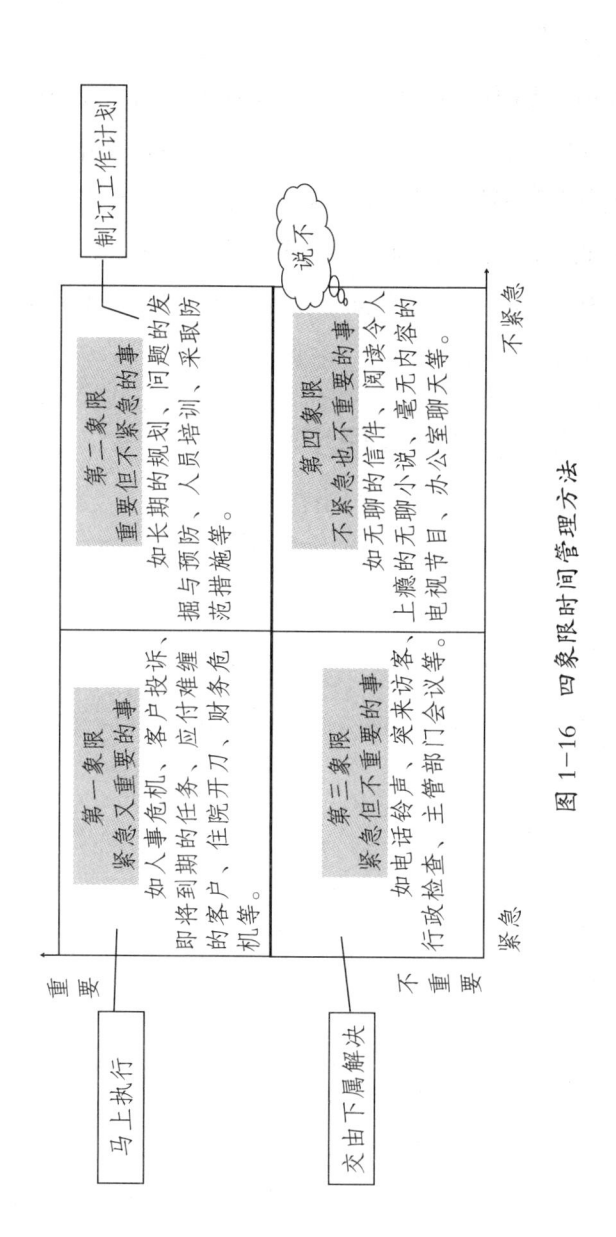

现实中，人们往往在第一、第三象限来回奔走，忙得焦头烂额，常常没有时间去很好地计划和及时地完成重要的事情，最后造成工作质量的下降。根据四象限时间管理方法，应有重点地把主要的精力和时间放在处理第二象限那些重要但不紧急的事务处理上，以便很好地安排时间，有效地开展工作。这样一来，工作不再是负担，会让你的工作变得高效。

三、ABC 时间管理步骤

ABC 时间管理的步骤如图 1-17 所示。

第一章 班组管理基本工具与方法

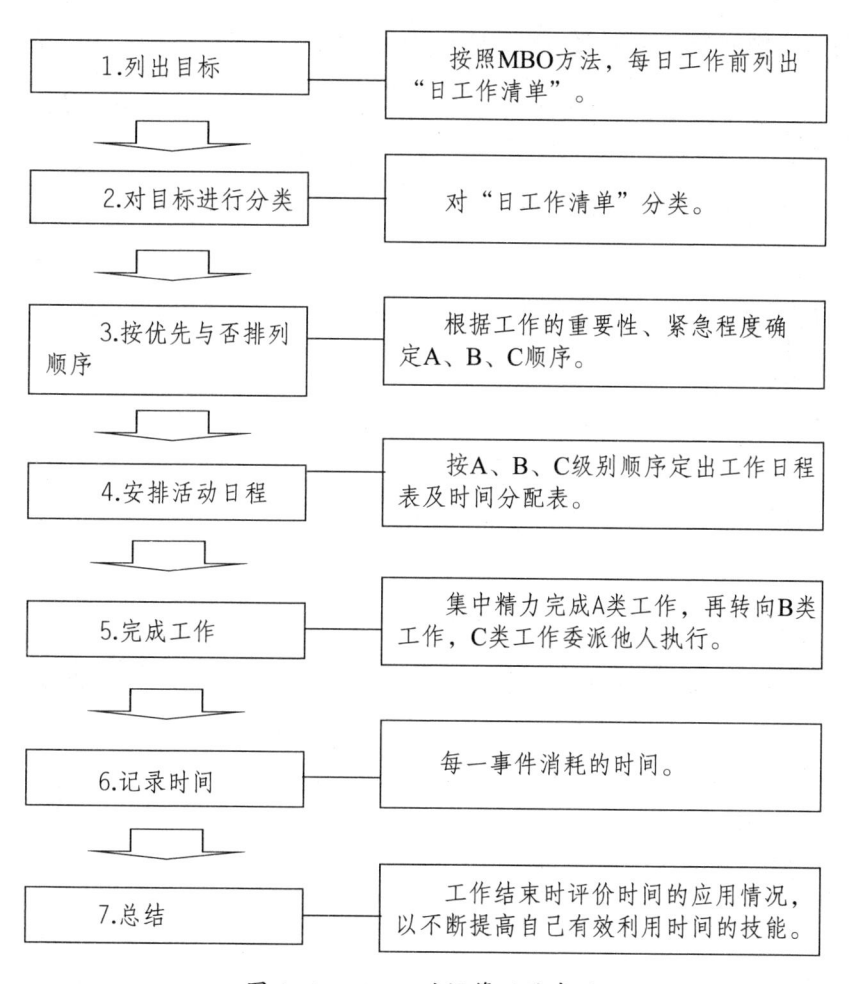

```
┌─────────────────┐         ┌──────────────────────────┐
│ 1.列出目标      │ ──────> │ 按照MBO方法,每日工作前列出│
│                 │         │ "日工作清单"。            │
└─────────────────┘         └──────────────────────────┘
         ↓
┌─────────────────┐         ┌──────────────────────────┐
│ 2.对目标进行分类│ ──────> │ 对"日工作清单"分类。      │
└─────────────────┘         └──────────────────────────┘
         ↓
┌─────────────────┐         ┌──────────────────────────┐
│ 3.按优先与否排列│ ──────> │ 根据工作的重要性、紧急程度│
│    顺序         │         │ 确定A、B、C顺序。         │
└─────────────────┘         └──────────────────────────┘
         ↓
┌─────────────────┐         ┌──────────────────────────┐
│ 4.安排活动日程  │ ──────> │ 按A、B、C级别顺序定出工作 │
│                 │         │ 日程表及时间分配表。       │
└─────────────────┘         └──────────────────────────┘
         ↓
┌─────────────────┐         ┌──────────────────────────┐
│ 5.完成工作      │ ──────> │ 集中精力完成A类工作,再转向│
│                 │         │ B类工作,C类工作委派他人执行│
└─────────────────┘         └──────────────────────────┘
         ↓
┌─────────────────┐         ┌──────────────────────────┐
│ 6.记录时间      │ ──────> │ 每一事件消耗的时间。       │
└─────────────────┘         └──────────────────────────┘
         ↓
┌─────────────────┐         ┌──────────────────────────┐
│ 7.总结          │ ──────> │ 工作结束时评价时间的应用情况│
│                 │         │ 以不断提高自己有效利用时间的│
│                 │         │ 技能。                     │
└─────────────────┘         └──────────────────────────┘
```

图1-17 ABC时间管理的步骤

四、班组长时间管理的七大技巧

在生产现场,班组长经常遇到的情况是计划赶不上变化。很多时候,自己原本已安排好了计划,但经常会临时出现一些变化,自己得应付变化,一些关键的、需要紧急处理的事务得不到及时处理,生产现场出现更多问题,直接影响了生产任务的完成。为此,班组长必须做好每日的时间管理,图1-18所示为班组长时间管理的七大技巧。

第一章 班组管理基本工具与方法

技巧一 兴趣目标	做真正感兴趣、与自己人生目标一致的事情。如果遇到感兴趣的事情,可能会达到事半功倍的效果。这就要在工作中发奋图强,真正投入工作中,以培养工作态度,并将其转化为兴趣目标。
技巧二 记录时间	利用便条、备忘录、便笺纸、日程安排表、效率手册、商务通等安排时间。通过这些工具就可以知道时间是如何花掉的,然后做分类和统计,看看自己在哪一方面花了太多的时间,以便以后更有效率地安排时间,提高工作效率。
技巧三 要事为先	每天一早挑出最重要的3件事来做,当天一定要完成。这就要在工作和生活中做到分清轻重缓急。每天除了处理紧急且重要的事情外,对于有些紧急但不重要的事情,要学会拒绝。
技巧四 集中办不太重要事	每天留出一些固定的时间,且这时间处于个人效率周期的低谷阶段,可以打电话、处理未办完的事情,以及其他零碎的事情。
技巧五 善于授权	时间管理就是要找到自己的优先级,先处理重要的事情。若颠倒顺序,一堆琐事占满了时间,重要的事情就没有时间做了。作为领导,不能每件事都亲力亲为,要善于授权。
技巧六 二八原则	要把握一天中头脑最清楚的时候,即20%的最高效时间,专门处理最困难的和最需要思考的事项,就能产生80%的效率。
技巧七 平衡原则	要更好地平衡工作和家庭。对家人作出承诺后,一定要做到。不要一投入工作就忽视了家人,记住:有时10分钟的体贴比10小时的陪伴更有意义。学会闲中偷忙,利用碎片时间完成工作。

图 1-18 班组长时间管理的七大技巧

五、班组长日常时间管理实例

某企业某班长根据业务的性质，综合运用整合、分解、切换、清空与思考4个办法来进行自己的日常时间管理，如图1-19所示，达到了很好的效果。

第一章 班组管理基本工具与方法

整合
- 把属于同一场景的事务整合在一起，完成批处理。
- 把自己相对固定的零散时间利用起来，用手机看看新闻，检查一下邮箱，或者看一下日程清单。

分解
- 把思考和行动分开。如需要写一篇文章，可先用几分钟思考想写成什么样的文章。经验把思考写成一篇文章。
- 把任务分解成动作。如岗位技能竞赛，领导安排组织一次比赛，就可以把这个复杂的任务分解成出题、练习、比赛3个动作。

切换
- 学会在脑力与体力、思考与讨论、具体与抽象之间反复切换。

清空与思考
- 准备一个小本子或者用手机上的各种清单App，把各种事务性信息记录下来。
- 在领导安排任务或者，通过独立思考或班组成员商讨，及时把任务下达给员工：几分钟能做或几分钟做完后马上做或延后做不能做，并立即向领导汇报。

图1-19 整合、分解、切换、清空与思考的时间管理法

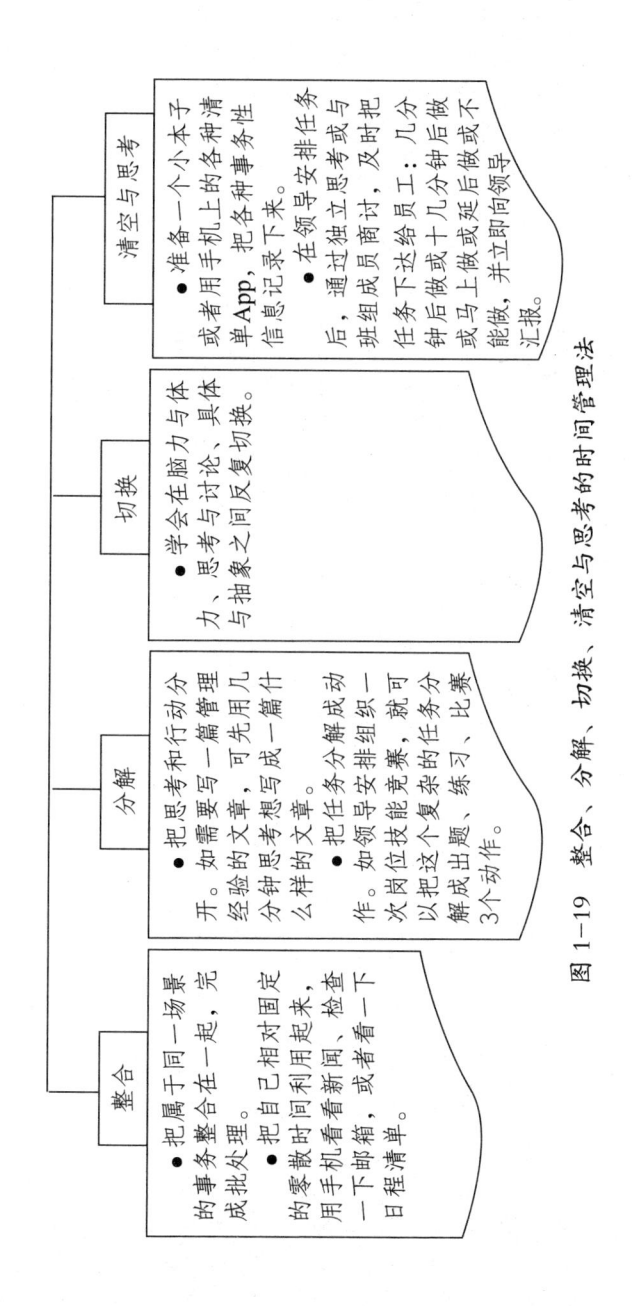

061

第二章
现场管理基础工具与方法

导 读

引　子　电梯装潢公司 5S 管理乱象
第一节　班组现场目视管理
第二节　班组现场定置管理
第三节　班组现场 5S 环境管理
第四节　合理化建议提案制

引子　电梯装潢公司 5S 管理乱象

某电梯装潢公司在 20 世纪 70 年代时还是一个乡镇企业，2005 年已经发展为大型民营集团公司。由于该公司的产品技术处于国内领先地位，众多大型电梯企业的产品订单纷至沓来，公司只能靠迟交产品应付客户，但客户非常不满。

为了解决生产滞后销售的状况，提升公司在客户中的声誉，该公司特聘请企业管理公司进行生产管理咨询工作。咨询师一到企业，厂门口的 5S 宣传横幅映入眼前。据了解，该公司已经开展 5S 管理。到了车间，果然如此，在看板上有 5S 现场布置图，标注着崭新的区域线。但是，再仔细一看，发现工具箱等物品随处摆放，地上垃圾到处可见；墙壁处的电器插座头部裸露，临时电线拖至靠近通道处……咨询师一问，才知道该公司已经实施大半年的 5S 管理了，但不知为何出现这样的现象？

第一节　班组现场目视管理

一、目视管理内涵及其基本要求

目视管理是利用形象直观而又色彩适宜的各种视觉感知信息来组织现场生产活动，达到提高劳动生产率的一种管理手段，它也是一种利用视觉来进行管理的科学方法。目视管理是一种以公开化、透明化和视觉信号显示为特征的管理方式，尽可能地将班组长的要求和意图让大家都看得见，借以推动看得见的管理、自主管理、自我控制。现场的作业人员也可以通过目视的方式将自己的建议、成果、感想展示出来，与领导、同事以及工友们进行相互交流，以达到一定的班组管理效果。

目视管理的基本要求主要有以下 5 项内容：①统一，目视管理要标准化，消除五花八门的杂乱现象；②简约，各种视觉显示信号应易懂，一目了然；③鲜明，各种视觉显示信号要清晰，位置适宜，现场人员都能看得见、看得清；④实用，不摆花架子、少花钱、多办事，讲究实效；⑤严格，即现场所有人员都必须严格遵守和执行有关规定，有错必纠，赏罚分明。

二、现场目视管理常用工具

生产现场目视管理工具包括看板、红牌、信号灯、错误防止板、操作流程图、警示线、管理板等，具体作用及图例如表2-1所示。

表2-1　　　　　　　　　　　　　　　　　目视管理常用工具一览表

序号	工具	图示	作用
1	红牌		红牌，用来区分日常生产活动中的非必需品，又称为红牌作战。
2	看板		用在5S的看板作战中，让人知道什么物品、做什么、数量多少、谁负责等。
3	信号灯	异常信号灯		用于产品质量不良及作业异常等异常发生的场合，通常安装在大型工厂的较长的生产、装配流水线。一般设置红或黄这两种信号灯，由员工来控制。当发生零部件用完或出现不良产品及机器的故障等异常情况时，往往影响到生产指标的完成，这时由员工马上按下红灯（或黄灯）的按钮。红灯（或黄灯）一亮，厂长（或生产管理人员）都要停下手中的工作，马上前往现场，予以调查处理。
		运转指示灯		检查显示设备状态的运转、机器开动、转换或停止的状况。停止时还显示它的停止原因。

第二章　现场管理基础工具与方法

续表 2-1

序号	工具	图示	作用
4	操作流程图	作业指导书 （流程）（作业步骤、注意事项）	操作流程图是指描述工序重点和作业顺序的简要作业指导书，有时也称为"步骤图"，用于指导生产作业。生产现场一般使用将人、机器、工作组合起来的操作流程图。
5	错误防止板	○表示正常 ×表示异常 △表示注意	为了减少错误而做的自我管理的防止板，一般以纵轴表示时间，横轴表示作业单位。持续进行一个月，将本月的情况和上个月作比较，以设定下个月的目标。
6	错误示范板		把不良品直接展现出来。具体表现形式有：①不良品现象及其结果揭示表；②不良品现象在改正前后的对照照片；③示范的错误动作以及与正确动作相比较的照片。
7	生产管理板		生产管理板是用来揭示生产线的生产状况、进度的表示板，一般记入生产实绩、设备开动率、异常原因（停线、故障）等，用于看板管理。
8	警示线		在仓库或其他物品放置场所标注警示线，以表示最大或最小的限量，主要用于看板管理中。
9	区域线		对半成品放置的场所或通道等区域用线条画出的明显区分区域的线条就是区域线，主要用于整理与整顿、异常原因、停线故障等情形中，用于看板管理。

069

三、目视管理的实施内容和方法

目视管理在班组现场的应用范围非常广泛，涵盖生产活动的各个方面，如作业、进度管理和质量管理、设备管理、安全管理等，具体内容如表2-2所示。

表2-2　　　　　　　　　　　　　　　　　　　目视管理的应用范围表

应用范围	实施内容	实施方法
目标流程管理	班组目标的展示	用指标推移情况表示
	操作程序提示	在地面、墙面、通道及设备上提示
	作业要点提示	
质量管理	不良状态识别	分色或使用道具
	品质异常提示	使用道具等
	特性值管理	用文字表示
物料管理	采购点管理	用采购数量表示
	物品管理	使用物品卡
	限量、限高管理	用大、小值及极限高度表示
设备管理	点检标准	点检表
	定位管理	画线等
	状态管理	看板标识
现场环境管理	区域划分	用油漆或胶带画上分界线
	分色管理	用油漆等涂色
	安全节能降耗提示	图片、文字提示
	异常管理	状态标识
	垃圾回收管理	分色、分类
	环境美化	各类装饰品或绿植

四、目视管理的标准及其注意事项

目视管理的标准分为 3 种：①初级标准，能明白现在的状态；②中级标准，谁都能判断良否；③高级标准：管理方法（异常处理等）都列明。

目视管理的注意事项如下所述。

1. 对事不对人。当出现问题时要协助当事人来共同查找原因并进行改善，千万不要说伤害感情的话。

2. 标准化、制度化。任何一个员工都需要有标准书，目的就是要标准化与制度化。所以，班组长要通过教育来引导推动标准化、制度化。

3. 布告、通告栏方面的注意事项。通告、海报上的内容能引起很多人的注意和特别重视，是目视管理的一种常用的方法。

五、某公司设备目视管理实例

如图 2-1 所示，某公司将设备运行标准、设备自主检查及记录表粘在设备上，以便设备管理。

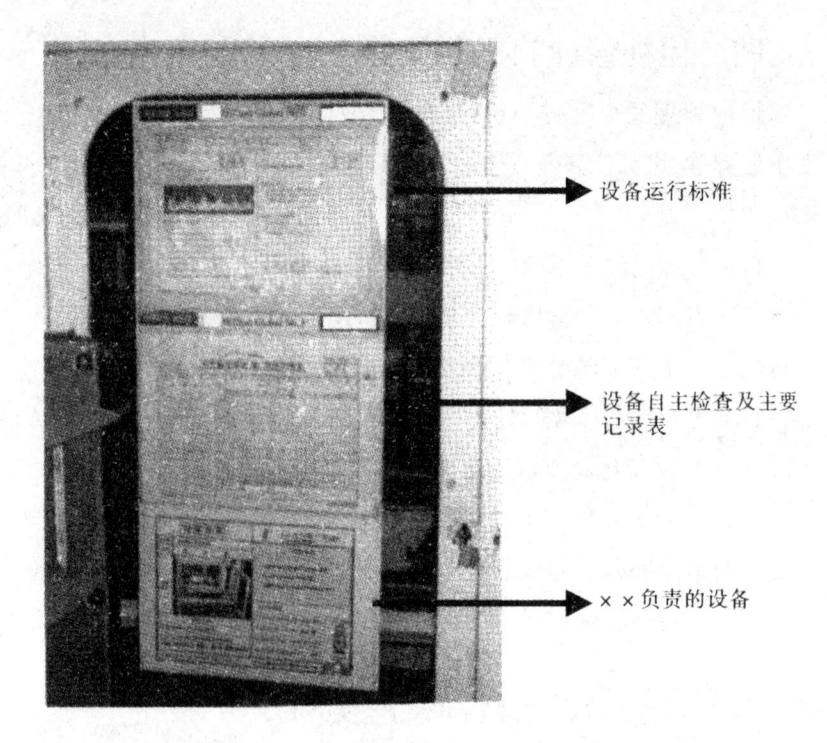

图 2-1　某公司设备目视管理示意图

第二节　班组现场定置管理

一、定置管理的定义、作用及内容

（一）定置管理的定义

日本企业管理专家清水千里在应用的基础上发展了定置管理，把定置管理总结、提炼成为一种科学的管理方法。定置管理中的"定置"不是一般意义上字面理解的"把物品固定地放置"，它的特定含义是根据生产活动的目的，考虑生产活动的效率及质量等制约条件和物品自身的特殊的要求（如时间、质量、数量、流程等），划分出适当的放置场所，确定物品在场所中的放置状态，作为生产活动主体——人与物品联系的信息媒介，从而有利于人、物的结合，有效地进行生产活动。定置管理就是对生产现场中的人、物、场所三者之间的关系进行科学分析与研究，使之达到最佳结合状态的一种科学管理方法。

（二）定置管理的作用

定置管理是现场管理中一种常见和有效的管理方法，是以生产现场物品的定置进行设计、组织实施、调整、协调与控制的全部过程的管理。定置管理是"5S"活动的一项基本内容，是"5S"活动的深入和发展。定置管理有利于建立数据指标，实现有效考核，使现场管理、文明生产实现经常化、规范化与制度化，从而推进企业现场综合治理工作。

（三）定置管理的内容

定置管理内容较为复杂，在工厂中可粗略地分为工厂区域定置、生产现场区域定置和可移动物件定置等。

1. 生产区定置包括总厂、车间、库房定置。车间定置包括工段、工位、机器设备、工作台、工具箱、更衣箱等的定置，也包括毛坯区、半成品区、成品区、返修区、废品区、易燃易爆污染物停放区等的定置。库房定置包括货架、箱柜、贮存容器等的定置。

2. 劳动对象物定置，如原材料、半成品、在制品等的定置；工卡、量具的定置，如工具、量具、胎具、容器、工艺文件、图纸等的定置；废弃物的定置，如废品、杂物等的定置。

二、开展定置管理的步骤

（一）步骤一——进行工艺研究

工艺研究是定置管理展开的起点，它是对生产现场现有的加工方法、机器设备、工艺流程进行详细研究，确定工艺在技术水平上的先进性和经济上的合理性，分析是否需要和可能用更先进的工艺手段及加工方法，从而确定生产现场产品制造的工艺路线和搬运路线。工艺研究是一个提出问题、分析问题和解决问题的过程，包括以下3个分步骤。

1. 现场调研，详细记录现行方法。通过查阅资料、现场观察等措施对现行管理方法进行详细记录，为工艺研究提供基础资料。所以，要求记录详尽准确。由于现代工业生产工序繁多、操作复杂，如用文字记录现行方法和工艺流程势必显得冗长烦琐。因此，在调查过程中可运用工业工程中的一些标准符号和图表来记录，则可一目了然。

2. 分析记录的事实，寻找存在的问题。对经过调研记录下来的事实，运用工业工程中的方法研究和时间研究的办法，对现有的工艺流程及搬运路线等进行分析，找出存在的问题及其影响因素，提出改进方向。

3. 拟定改进方案。提出改进方向后，定置管理人员要对新的改进方案作具体的技术经济分析，并和旧的工作方法、工艺流程和搬运线路作对比。在确认是比较理想的方案后，才可作为标准化的方法实施。

（二）步骤二——对人、物结合的状态分析

人、物结合状态分析是开展定置管理中最关键的一个环节。在生产过程中必不可少的是人与物，只有人与物的结合才能进行工作。工作效果如何，则需要根据人与物的结合状态来定。人与统一字距物的结合是定置管理的本质和主体。人与物的结合可归纳为4种基本状态——A状态、B状态、C状态、D状态，如表2-3所示。

表 2-3　　　　　　　　　　　　　　　　　　　人与物的结合的 4 种基本状态

人与物的结合的 4 种基本状态	定义	举例
A 状态	表现为人与物处于能够立即结合并发挥效能的状态。	操作者使用的各种工具，由于摆放地点合理且固定，当操作者需要时能立即拿到或做到得心应手。
B 状态	表现为人与物处于寻找状态或尚不能很好发挥效能的状态。	一个操作者想加工一个零件，需要使用某种工具，但由于现场杂乱或忘记了这一工具放在何处，结果因寻找而浪费了时间。
C 状态	指人与物没有联系的状态。	生产现场中存在的已报废的设备、工具、模具，生产中产生的垃圾、废品、切屑等。这些物品放在现场，必将占用作业面积，而且影响操作者的工作效率和安全。
D 状态	人与物失去联系的状态。这种物品与生产无关系，不需要人去同该物结合。	呆滞物料。

　　定置管理就是要根据生产活动的目的要求，通过相应的设计、改进和控制、整理、整顿 B 状态，使之达到 A 状态，减少 C 状态，消除 D 状态。把有价值的物品移到需要的地方，把不需要的、无价

值的物品从现场清除掉。

（三）步骤三——开展对信息流的分析

信息媒介就是人与物、物与场所合理结合过程中起指导、控制和确认等作用的信息载体。在定置管理中，完善而准确的信息媒介是很重要的，它影响到人、物、场所的有效结合程度。

良好的定置管理，要求信息媒介达到 4 个方面的要求，如图 2-2 所示。

```
            良好的定置管
            理的4个方面的
              要求

生产现场设有定置图         位置台账齐全

                         信息标准化——物品流动
                         时间标准、数量标准、摆
存放物的序号、编号齐备       放标准等
```

图 2-2　良好的定置管理的 4 个方面的要求

（四）步骤四——定置管理设计

定置管理设计就是对各种场地（厂区、车间、仓库）及物品（机台、货架、箱柜、工位器具等）如何科学、合理定置的统筹安排。定置管理设计主要包括定置图设计和信息媒介物设计。

定置管理图是将生产现场的定置管理用标准化的形式反映出来的一种方法，运用形象的图示描述生产现场人、物、生产现场的关系。物品放置区域，用各种符号代替设备、零件、工位器具、工具箱等定置物品。

1. 设计定置管理图的要点有 4 个，如下所述。

①对场所、工序、工位、机台等进行定置诊断，根据人机工程学确定是否符合人的心理、生理需要与满足产品质量的需要，做到最大的灵活性和协调性、最大可能性的操作方便和最少的多余动作及切实的安全和防护保障，充分利用空间与时间。

②定置图的设计应按统一标准。例如，全厂范围内的定置图用全张纸设计；各车间、各仓库必须绘制订置管理图，图纸用 A2 纸幅的纸张，可镶在镜框内悬置明显处。

③设计定置图时应尽量按生产组织划分定置区域。例如，一个分厂有 4 个较大的生产工段，即可在定置图上标出 4 个相应的定置区域。

④设计定置图先以设备作为整个定置图的参照物，依次划出加工件区、半成品待检区、半成品合格区、产成品待检区、成品合格区、废品区、返修品区、待处理区等的定置区域。

2. 定置管理的图形符号。根据图形标准规定确定若干有关信息的符号，如图 2-3 所示。

3. 定置管理图标注内容。车间定置管理图与工具箱内的定置管理图应标注的内容如下所述。

①按工艺流程设计的工段（班组）工作地（机床、工位）的平面布置区域。

②有适应物流过程需要的原材料、半成品、在制品、工位器具、运输机械及检验场所等物品的停放区域。

第二章　现场管理基础工具与方法

符号	符号名称	符号	符号名称
G	工具箱	D	凳
LJ	垃圾箱	J	检验台
B	办公桌	LJQ	器具存放器
GW	工位器具	SC	水池
C	铲车	K	空调
Q	钳工台	STC	手推车
F	废物桶	Z	蒸馏水桶
DX	电箱	RH	润滑槽
Y	油桶	A类	物紧密联系（红色）
XC	吸尘器	B类	物周期联系（黄色）
GLD	管理点	C类	物待联系（蓝色）
DS	电扇	D类	物失去联系（黑色）
TJ	踏脚板		

图 2-3　符号与符号名称对照图

③生产作业场地、区域、机台（工位）之间的明显运输通道。
④消防、安全保护设施定置状态。
⑤各类残料、垃圾回收箱定点布置场地。
⑥必须定置物品的大致数量。
⑦生产区域和作业场所职工的生活必需用品等的定置区域。
⑧移动物品（如手推车、衡器、可移动容器）的静止停放位置。
⑨定置的物品规定的文字注解部分。

（五）步骤五——定置实施

定置实施是理论付诸实践的阶段，也是定置管理工作的重点。其包括以下3个分步骤。

1. 清除与生产无关之物，能转变利用便转变利用；不能转变利用时，可以变卖，化为资金。

2. 按定置图实施定置，将生产现场、器具等物品进行分类并搬、转、调整；最后，予以定位。

3. 放置标准信息的名牌要做到牌、物、图相符，设专人管理，不得随意挪动。

（六）步骤六——定置检查与考核

必须建立定置管理的检查、考核制度。制订检查与考核的办法，并按标准进行奖罚，以实现定置的长期化、制度化和标准化。

定置管理的检查与考核一般分为两种情况：①定置后的验收检查，检查不合格的不予通过，必须重新定置，直到合格为止；②定期对定置管理进行定期检查与考核。

定置考核的基本指标是定置率。定置率（%）= 实际定置的物品个数（种数）÷ 定置图规定的定置物品个数（种数）× 100%。定置率表明生产现场中必须定置的物品已经实现定置的程度。

三、某公司定置管理标识牌实例

为规范现场物资管理，某公司设备部按要求统一设置定置管理标识，现将标识牌的使用说明做如下阐述。

公司所有物资，按要求实行定置管理。定置区域自行选择，标识牌由物品定置牌（见图2-4）、现场物品卡（见图2-5）配合使用。

物品定量	定置区名称_____
	物品分类_____
	定置区编号_____
	保养管理人_____
	卫生管理人_____
	管理单位_____

图 2-4　物品定置牌

现场物品卡	
编码	
名称	
型号	
状态	

图 2-5　现场物品卡

1. 物品定置牌的要求有7点，如下所述。

①物品定置牌放置的地点要求：地面放置，高度为800~1000mm；悬挂上墙，高度为1700~2000mm。

②定置区名称可按作业区命名，如××作业区；也可按物品状态划分，如废旧物品区、待修物品区等。

③物品分类可按设备名称划分，如皮带输送机备件、连铸备件等；也可按所属工艺划分。

④编号：所有定置牌统一编号。编号方法：按该生产厂大写拼音字母开头，如（炼钢）LG-001、（电厂）DC-001等。

⑤保养管理人：该物品的维护、检修专业人员。

⑥卫生管理人：原则上是该物品存放地卫生负责人员，可根据情况自行确定。

⑦管理单位：该定置区所属作业区或物品台账管理单位。

2. 现场物品卡的要求有5点，如下所述。

①编码：公司ERP编码。

②名称：与该物品铭牌或公司ERP名称一致。

③型号：与该物品铭牌或图号一致。

④状态：标示该物资的新旧状况、待修情况等。

⑤现场物品卡片必须悬挂在该物品容易查找的地方，固定可靠。

第三节　班组现场 5S 环境管理

一、5S 环境管理概述

5S 环境管理中的 5S 指：1S 整理（SEIRI）、2S 整顿（SEITON）、3S 清扫（SEISO）、4S 清洁（SEIKETSU）、5S 素养（SHITSKE），以上 5 项内容在日语的发音中都以"S"开头，故称为 5S 法。5S 环境管理起源于日本，指的是在生产现场中对人员、机器、材料、方法等生产要素所进行的有效管理。

我国的企业在 5S 环境管理的基础上，结合安全生产活动，在原来 5S 基础上增加了安全（SAFETY）要素，发展形成"6S"管理；还有企业加上节约（SAVE），形成"7S"活动；也有企业加上习惯化（SHIUKANKA）、服务（SERVICE）及坚持（SHIKOKU）3 项内容，形成"10S"管理。

二、5S 环境管理活动的实施方法

（一）整理（1S）活动的实施方法

1.实施方法。整理的定义、对象、目的及注意点、推进整理的步骤和实施要领如表 2-4 所示。

表 2-4　　　　　　　　　　　　　　　　　　　　　整理的实施方法

	整理
定义	把工作环境中必要和非必要的物品区分开来。必要品只保存合适的数量，节约有效空间。
对象	主要是清理现场被占而无效用的"空间"。例如，不用的杂物、设备、材料、工具都堆放在仓库，使仓库变成"杂物存放地"；货架大小不一，物品摆放不整齐。
目的	清除杂乱物品，腾出空间，保持工作场所的宽敞整洁。
重点	1.确定"必需品"和"非必需品"的判别基准。 2.确定废弃物处理的方法。 3.不必要的物品应立即加以处置。
推进的步骤和实施要领	1.自己的工作场所（范围）全面检查，包括看得见和看不见的地方，如设备的内部等。 2.在"必需品"和"非必需品"的判别基准上，区分必需品和非必需品。 3.清理非必需品，如货架、工具箱、抽屉、橱柜、墙角、窗台上摆放的样品、零件等杂物。 4.对需要的物品调查使用频率，决定日常用量及放置位置。 5.每日自我循环整理。

"要"与"不要"物品的区分和处理，就是要先区分必需品和非必需品。然后，将非必需品清理出现场。

2.红牌示例。图2-6所示为红牌,在现场寻找问题点并在对象物上挂上牌,让大家明白问题所在并积极改善,从而达到整理的目的。

5S 红牌			
分类	1.原材料2.在制品3.半成品4.成品5.机械设备、电器装置6.模具、夹具、工具7.清扫工具、垃圾 8.其他		
名称			
编号		数量	
理由	1.不必要2.不急用3.不良4.停产、换线5.没及时处理6.其他		
责任车间(部门)	车间(部门)、班组(科室)、生产线		
措施	1.丢弃2.返还3.清扫4.移到红色保管区域5.整理6.其他		
张贴日		改善期限	
填表人			

图 2-6 红牌示例

(二)整顿(2S)活动的实施方法

1.实施方法。整顿的定义、对象、目的及注意点、推进整顿的步骤和实施要领如表2-5所示。

表2-5 整顿的实施方法

	整顿
定义	把必要的物品进行分类，根据使用频率确定放置的方法及位置，是节约时间的技术。
对象	主要是减少工作场所任意浪费时间的场所。例如，货架上的物品没有"物资收发登记卡"，管理状态不清；货架太高或物品堆积太高，不易拿取。
目的	将寻找物品的时间减少为零，消除过多的积压物品，有异常（如丢失、损坏）能马上发现。
重点	1.整顿三要素：场所——明确物品放置场所；方法——决定物品放置办法；标识——任何物品都标出名称、规格等参数。 2.整顿三定：定点——在规定区域放置，充分利用空间；定类——按机能或按种类区分放置，便于拿取和现进现出；定量——确定所用的容器及数量和颜色等识别方法。
推进的步骤和实施要领	1.前一步骤整理的工作要落实。 2.流程布置，确定放置场所。 3.规定放置方法、明确数量。 4.划线定位。 5.场所、物品标识。

2.现场物品放置示例。图2-7所示为某企业某车间现场物品放置示意图。

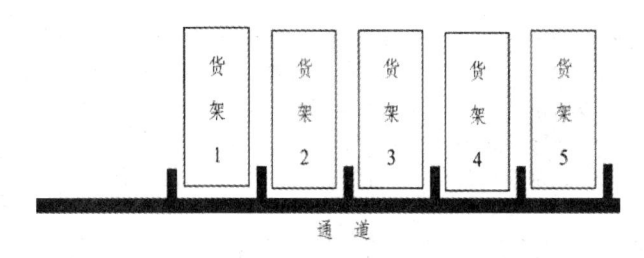

① 货架的四角定位

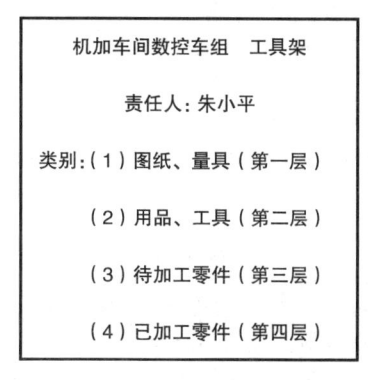

```
机加车间数控车组　工具架

责任人：朱小平

类别：(1) 图纸、量具（第一层）

　　　(2) 用品、工具（第二层）

　　　(3) 待加工零件（第三层）

　　　(4) 已加工零件（第四层）
```

② 工具架物品放置标签标志

图 2-7　某企业某车间现场物品放置示意图

（三）清扫（3S）活动的实施方法

1.实施方法。清扫的定义、对象、目的及注意点、推进清扫的步骤和实施要领如表 2-6 所示。

表2-6　　　　　　　　　　　　　　　清扫的实施方法

	清扫
定义	通过对环境、设备、工具、设施的维护、点检和保养，将不需要的东西清除掉，保持工作现场无垃圾，使之保持良好的状态。
对象	主要消除工作现场各处所发生的"脏污"。例如，物品连外包装箱在内一起放在货架上，影响仓库的整齐划一；清扫时只扫货物，不扫货架；清扫不彻底。
目的	消除脏污，保持作业现场明亮的环境；稳定品质，减少工业伤害。
重点	建立清扫责任区（室内、室外），决定清扫方法，形成习惯。
推进的步骤和实施要领	1. 准备清扫用具，全面清扫。 2. 执行例行扫除，清理脏污。例如，对物品放置场所的清扫，对设备的清扫。 3. 调查污染源，予以杜绝或隔离。例如，如果有溢漏现象，应通过密封方式将溢漏处封起来。 4. 建立清扫标准并作为规范，对清扫进行检查。

2. 实例：某机械公司清扫区域与责任人示例。图2-8、表2-7所示为某机械公司的清扫区域示意图与责任人名单。

第二章 现场管理基础工具与方法

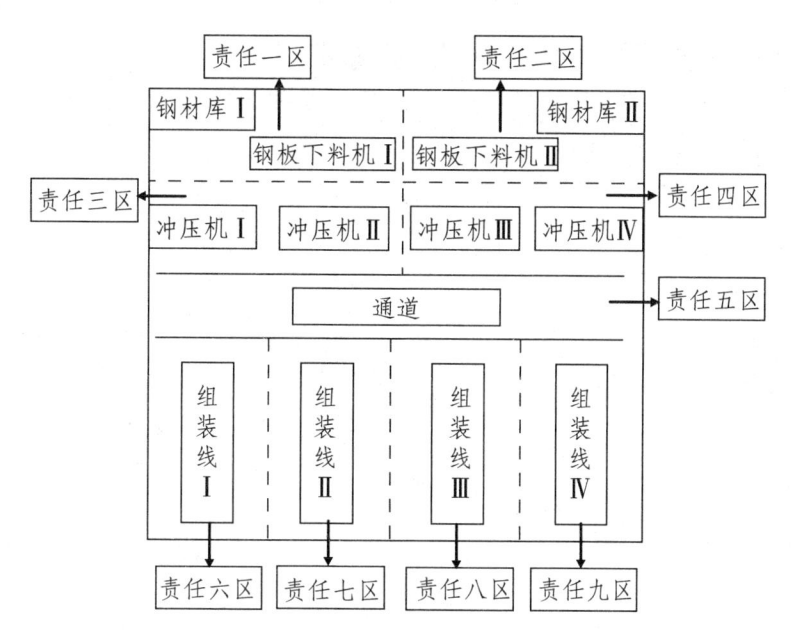

图 2-8 某机械公司清扫区域图

表 2-7　　　　　　　　　　　　　　　　某机械公司清扫区域责任人名单

NO	责任人	责任区域	色别
1	谈锡明、沈金英	一区	红色
2	徐卫林、梁小妹	二区	黄色
3	章仲良	三区	蓝色
4	葛志豪	四区	青色
5	陈东梅	五区	棕色
6	李东升、乔红样	六区	黑色
7	张运、吴可行	七区	白色
8	龚利君、潘维东	八区	绿色
9	严伟民、杨阳	九区	紫色

（四）清洁（4S）活动的实施方法

1.实施方法。清洁的定义、对象、目的及注意点、推进清洁的步骤和实施要领如表 2-8 所示。

表 2-8　　　　　　　　　　　　　　　　　　　　清洁的实施方法

	清洁
定义	通过制订规范化和制度化的标准，确保3S的成果及持之以恒。
对象	通过整洁、美化工作区域环境，使员工工作愉快。
目的	1.消除脏污，保持作业现场干净明亮。 2.稳定品质。 3.减少工业伤害。
重点	编写专门的手册，制订考评方法，制订奖惩制度；实施定期检查。
推进的步骤和实施要领	1.对推进组织进行教育。 2.明确清洁的状态。所谓清洁的状态，就是干净、高效、安全。 3.使环境色彩化，如厂房、车间、设备及工作服都采用明亮的色彩。 4.定期检查，如车间主管经常带头巡查，以表重视。 5.按照考评方法和奖惩制度执行。

2.实例："每天 5 分钟 5S"管理。"每天 5 分钟 5S"是极有效、极简便的工具。大家可以充分利用自己的日记或工作日志来记录，也可以专门为此打印一张简单的表格，每天提醒，每天检查，让5S 的推行形成计划。

以某一天为例，可以在"每天 5 分钟 5S"上写："今天车间的三人检查组发现大家在做每天 5 分钟 5S 时，王石峰将落在地上的油用抹布擦干净了，这在5S管理活动之前是从来没有的事。"

（五）素养（5S）活动的实施

素养的定义、对象、目的及注意点、推进素养的步骤和实施要领如表2-9所示。

表2-9　　　　　　　　　　　　　　　　　　　　　　素养的实施方法

	素养
定义	人人依规定行事，养成好习惯，全面提高员工的素质，彻底改变每位工作人员的精神面貌，这是5S追求的最高境界。
对象	主要是通过持续不断的前面4个S的活动，提升员工的道德品质。例如，工作缺乏主动性，就事论事，工作中没有创新。
目的	1. 培养具有好习惯、遵守规则的员工。 2. 提高员工文明礼貌水准。 3. 营造团队精神。
重点	长期坚持，才能养成良好的习惯。
推进的步骤和实施要领	1. 继续推动前面4个S的活动。 2. 制订共同遵守的有关规则和规定，用规范行为来改进员工的工作态度，养成良好的习惯。 3. 制订礼仪守则，养成遵守集体决定事项的习惯，创造纪律良好、有活力的工作环境。 4. 教育训练（新进人员强化5S教育、实践）。 5. 推动各种精神提升活动（晨会、礼貌活动等）的开展，通过多种活动和手段形成企业文化氛围。例如，通过宣传活动把气氛调动起来；通过比赛（如摄影、漫画、标语、演讲等）将好的典范公之于众，让每位员工都知道5S管理活动正在进行中；通过评比表、检查表列出名次，让每位员工都能明了5S管理活动评价的标准。

第四节　合理化建议提案制

为了适应市场环境的变化，企业或每个员工都需要不断地改变工作方法。因此，人们通过不断地思考问题以寻找答案，这一过程就是一种改善，合理化建议提案制就是将这些改善结果吸收和应用于企业的一种制度。

合理化建议提案制指对设备、工艺过程、操作技术、安全技术、环境保护、劳动保护、运输及储藏等方面的改进或建议，已经成为现场改善的一项重要手段，是企业革新挖潜、降低成本、改善工作环境、提高产品质量、提高劳动生产率、增加经济效益的重要途径。

一、开展合理化建议提案制的必要性和目的

合理化建议活动促使每个员工参与管理并提出切合实际的改善方法，实施改善并确认改善结果，是员工发挥创造才能、实现自我价值的有效方法；同时，合理化建议的运作就是最好的在岗培训，通过合理化建议提案制培养员工的能力，从而提高所有员工自身业务效率和工作水平。在一个企业里，合理化建议的动力源头应是各

车间的班组。班组长的重要职责之一就是把合理化建议提案制落实到基层，合理化建议的发动也应纳入到班组的日常工作之中。

合理化建议提案制是全面质量管理的一项内容，通过全员参与、全方位开展，使工作更加有效，消除不合理、不均衡、不必要、不经济的"四不"现象；活跃组织氛围；培养员工成为思考的人、出主意的人、实践改善方案的人。具体而言，合理化建议提案制正确实施可起到确保安全、有利环保、提高质量、降低成本、减少消耗、降低库存及提高效率、改进管理等作用。

二、开展合理化建议活动的基本步骤

图 2-9 所示为开展合理化建议活动的基本步骤。

```
发现问题 —— 不断发现生产过程中安全、设备、工艺、方法、规程、制度等存在的问题。
提出建议 —— 查找造成问题的主因。
分析问题 —— 根据分析问题的结果，实施科学的消除主因的措施。
建议实施 —— 通过实施设备改造、工艺改良、制度改进等措施，解决业已发现的问题。
效果评价 —— 检查所采取的措施解决相应问题的程度，评定合理化建议。
形成标准 —— 对确有效果的改进措施要形成标准、规范的方法，加以推广实施。
```

图2-9 开展合理化建议活动的基本步骤

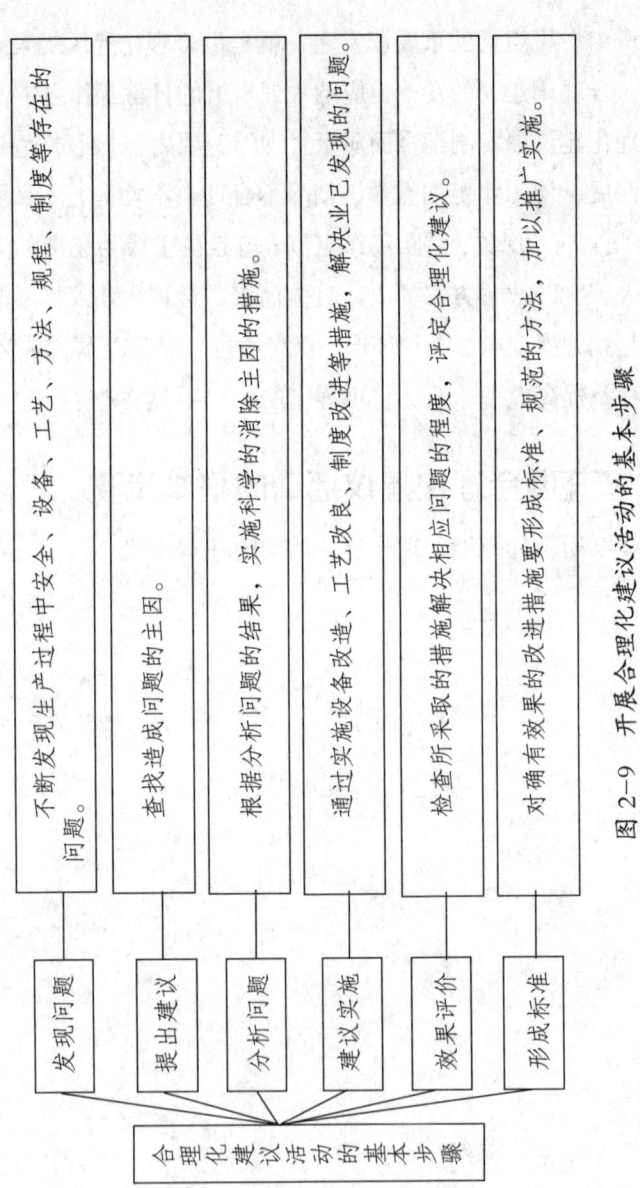

三、实施合理化建议提案制的六大方法

班组长在日常的工作过程中,应该告诉员工去做什么,至于怎样去做,由员工自己去考虑。为此,实施合理化建议提案制在于如何提高员工的积极性和工作能力。实施合理化建议提案制的六大方法如图2-10所示。

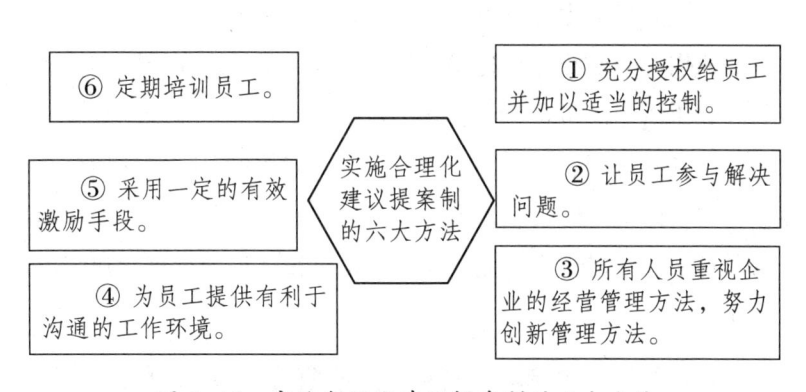

⑥ 定期培训员工。

⑤ 采用一定的有效激励手段。

④ 为员工提供有利于沟通的工作环境。

实施合理化建议提案制的六大方法

① 充分授权给员工并加以适当的控制。

② 让员工参与解决问题。

③ 所有人员重视企业的经营管理方法,努力创新管理方法。

图2-10 实施合理化建议提案制的六大方法

四、班组如何开展合理化建议活动

(一)要以岗位学习和岗位培训为基础

班组长要努力学习各种技术,指导和启发班组员工,对员工职责范围内的设备操作技术、生产工艺等进行培训,丰富员工的经验、充实员工的知识。这样,员工才能指出目前生产现场存在的不足和改进的方向,提出改进措施。

（二）要以发展的眼光来发现问题

发现问题要有发展的眼光，不能墨守成规，要敢于怀疑前人的工作。生产现场条件变化了，各种生产过程及规程、指标、流程就会随之发生变化。在生产现场，班组长要及时发现各种条件的变化，提出合理化建议。

（三）做好合理化建议组织引导

注意引导，防止合理化建议提案制成为员工发泄牢骚和不满的工具。如果班组成员言行中流露出对操作不便、控制变动频繁、搬运费力、环保等问题的抱怨，班组长要及时挖掘可行的现场合理化建议，不断改进生产现场。另外，部门创意提案制度的成绩应纳入管理人员的绩效考评中，促使管理人员重视并推动合理化建议提案制的实施。

（四）发动全员参与，共同搞好合理化建议活动

班组长在实施合理化建议提案制时，应充分理解提案改善的目的及做法；尊重并接纳他人的意见及想法，尤其对管理流程复杂、管理流程不合理及规章制度缺陷等问题，要群策群力，征求多方意见，问题才能得以圆满解决。

（五）及时做好一定的物质、精神奖励和鼓励的准备工作

实施合理化建议提案制，要从以下方面做好物质、精神和鼓励的准备工作：必须有合理及易于操作的评分标准，营造良好的竞争氛围；辅以一定的物质和精神鼓励手段来鼓励员工，提出自己的提

案；应组织专人对提案进行鉴定，好的予以奖励，不能实施的也要说明原因并予以勉励。

五、神龙把"合理化建议"融入班组管理的实例

为了把"合理化建议"融入班组生产管理，2004年3月，神龙公司专门出台了《合理化建议活动指导书》。工人可以随时在班组长处得到合理化建议提案表，在班组长职权范围内实施的提案由班组长直接组织实施，或转到上级领导，通过审查后组织实施。提案实施后，每月汇总并逐级报到公司申请奖励。图2-11所示为神龙公司合理化建议提案制实施的成效示意图。

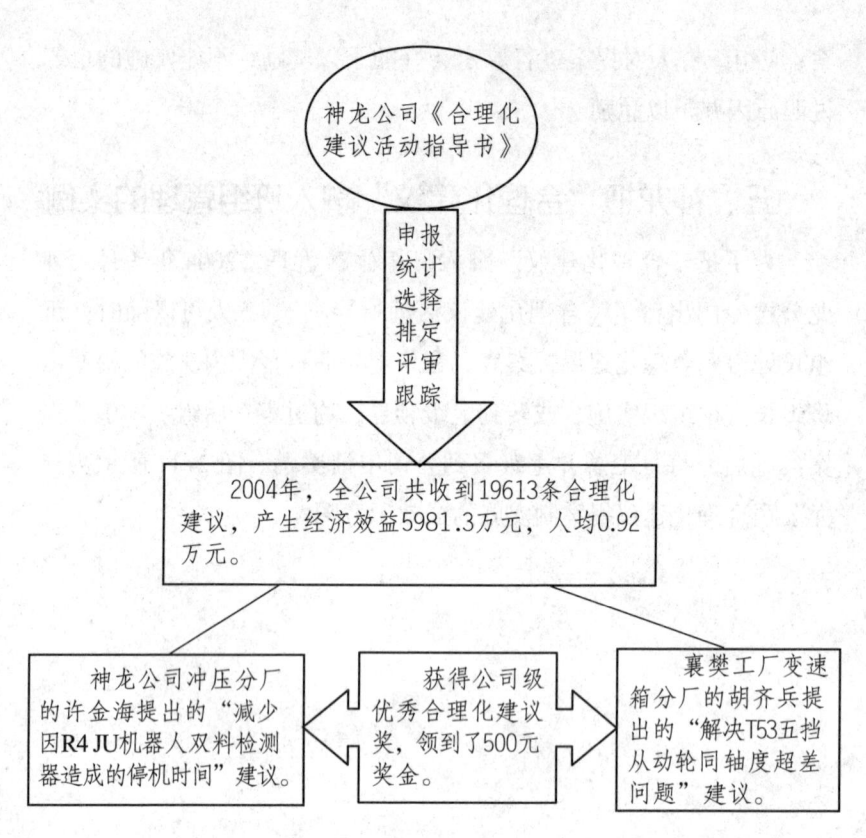

```
         ┌─────────────┐
         │ 神龙公司《合理化 │
         │ 建议活动指导书》│
         └──────┬──────┘
            申报
            统计
            选择
            排定
            评审
            跟踪
              ↓
   ┌──────────────────────────────┐
   │  2004年，全公司共收到19613条合理化  │
   │  建议，产生经济效益5981.3万元，人均0.92│
   │  万元。                        │
   └──────────────────────────────┘
```

| 神龙公司冲压分厂的许金海提出的"减少因R4JU机器人双料检测器造成的停机时间"建议。 | 获得公司级优秀合理化建议奖，领到了500元奖金。 | 襄樊工厂变速箱分厂的胡齐兵提出的"解决T53五挡从动轮同轴度超差问题"建议。 |

图 2-11　神龙公司合理化建议提案制实施的成效示意图

第三章
生产作业管理工具与方法

导 读

引　子　某换热器公司流水生产线建设问题
第一节　班组现场作业标准化
第二节　工业工程（IE）手法
第三节　看板管理
第四节　精益生产

引子　某换热器公司流水生产线建设问题

某民营换热器公司为了将产品打入国际市场,提高产品声誉和生产效率,对原有手工作业进行流水生产线建设,请来生产技术专家进行产品诊断与流水生产线设计。专家在现场看到氩弧焊员工长时间等着上一工序来料或半成品,有了产品也坐着开始慢慢焊接;更有甚者,组装时,员工从现场到工具柜拿螺钉,来回半个车间,产品组装时等待等无效动作浪费了 1/3 的时间。专家建议建设流水生产线,以改变目前生产效率低下的情况。但是,曾在外企工作过的该公司的分厂厂长认为生产该换热器产品的美资公司还是手工作业,没有实施流水生产线,我们为什么冒这风险?员工们觉得实施流水生产线是好事,能提高生产效率,但如果不需要这么多人,我们到哪里去工作?后来,这件事反馈到公司总经理面前,总经理左思右想:上生产线是能提高生产效率,但还是要投入一笔不小的资金,我该如何决策呢?

第一节 班组现场作业标准化

标准化作业管理是班组长的重要工作，与设备管理、工艺改进和人员管理等管理内容更是密不可分，涉及产品技术、工艺技术、管理技术等因素。因此，完善标准化作业管理体系，提升班组长的标准化作业管理能力可以直接提升企业的基础竞争力。

标准化是企业提升管理水平的两大要素之一，是企业追求效率、减少差错的重要手段。要想让现场工作彻底落实，作业流程标准化是最佳的方法，再配以作业指导书，班组长现场工作才会有据可依、有章可循。

一、作业标准化概述

（一）作业标准化的定义

所谓作业标准化，就是把相关的技术、经验进行整理、分类，然后科学归纳，并通过文件的方式——《操作标准手册》或《生产作业指导书》来加以保存，成为生产中所有人必须统一使用的操作依据。作业标准化主要是作业方法的标准化，但作业方法的改进必将涉及设备和环境等许多方面。因此，作业标准化实质是人机匹配问题。由此可见，广义的作业标准化除了作业方法的标准化外，还包括作业活动程序、作业准备、作业环境整洁、设备检查维修、工器具放置使用、劳保用品穿戴、个体防护设施准备以及共同作业的指挥联络等方面的标准化。

班组现场有关作业标准参见表3-1。

表3-1　　　　　　　　　　　　　　班组现场有关的作业标准一览表

序号	作业标准项目	作业标准内容
1	机台操作规范	①各部名称及结构。 ②开机前准备，开机、关机顺序。 ③机台保养维修要点。 ④机台故障排除要领。
2	检验作业规范	①使用场合，使用什么机器。 ②样品抽取方法。 ③检验的步骤和处理方法。 ④判定合格基准。
3	加工工序作业指导书	①所需材料、设备、工具。 ②适用机种。 ③加工条件（加工方法）。 ④作业程序。 ⑤安全注意事项。
4	加工工序检验标准	①检验方法。 ②所用检验仪器。 ③允许偏差或允许值等。

表3-1中的4种作业标准一般都由企业的标准化委员会或者技术部、质量管理部等颁布，班组长只需领一份复印本以供现场使用。

（二）作业标准化的作用

作业标准化在生产现场起到的作用是多方面的，如图 3-1 所示。

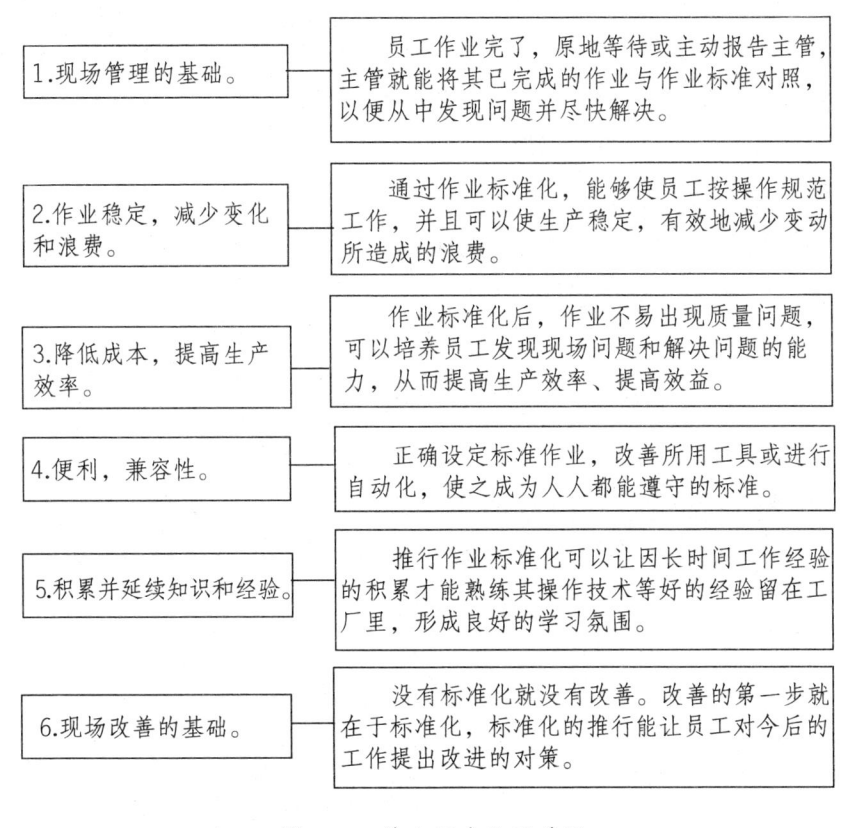

1.现场管理的基础。	员工作业完了，原地等待或主动报告主管，主管就能将其已完成的作业与作业标准对照，以便从中发现问题并尽快解决。
2.作业稳定，减少变化和浪费。	通过作业标准化，能够使员工按操作规范工作，并且可以使生产稳定，有效地减少变动所造成的浪费。
3.降低成本，提高生产效率。	作业标准化后，作业不易出现质量问题，可以培养员工发现现场问题和解决问题的能力，从而提高生产效率、提高效益。
4.便利，兼容性。	正确设定标准作业，改善所用工具或进行自动化，使之成为人人都能遵守的标准。
5.积累并延续知识和经验。	推行作业标准化可以让因长时间工作经验的积累才能熟练其操作技术等好的经验留在工厂里，形成良好的学习氛围。
6.现场改善的基础。	没有标准化就没有改善。改善的第一步就在于标准化，标准化的推行能让员工对今后的工作提出改进的对策。

图 3-1 作业标准化的作用

二、班组长作业标准化的职责和改善

班组长作业标准化的职责就是先调查班组作业标准情况，包括加工程序是否标准化、加工条件是否标准化、生产场地是否标准化、操作方法是否标准化等，然后要设法使用文章、图表、照片、调查表做出所有作业标准化书，使整个班组作业标准化。

作为班组长，应让员工自觉遵守标准，并与大家一起定期检讨修正。如果产品的品质水平、上层标准（ISO、GB等）、发现问题及步骤（人员、机器、材料、方法）、外部环境等因素改变时，班组长要寻找更好的方法改善，并制订新的作业标准。日常工作中，班组长要通过班组现场的作业情况检查找出问题点，并做成能够保证预期效果的标准来实施改善。

三、班组现场作业标准的执行

作业标准制订出来了，每一个班组长就需要让员工自觉执行并形成习惯。图3-2所示为班组现场作业标准的执行方法和步骤。

第三章 生产作业管理工具与方法

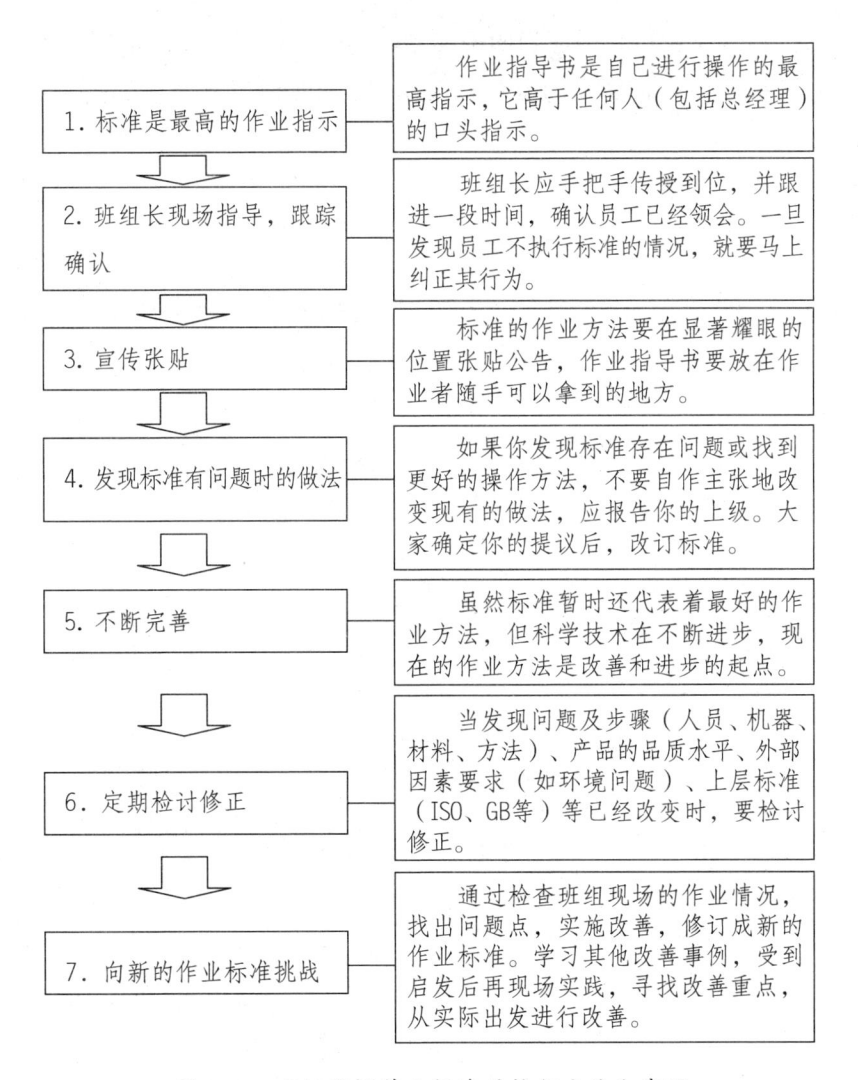

```
┌─────────────────────┐      ┌──────────────────────────────┐
│ 1. 标准是最高的作业指示 │─────▶│ 作业指导书是自己进行操作的最高  │
└─────────────────────┘      │ 指示，它高于任何人（包括总经理） │
          │                  │ 的口头指示。                  │
          ▼                  └──────────────────────────────┘
┌─────────────────────┐      ┌──────────────────────────────┐
│ 2. 班组长现场指导，跟踪 │─────▶│ 班组长应手把手传授到位，并跟   │
│    确认              │      │ 进一段时间，确认员工已经领会。一旦│
└─────────────────────┘      │ 发现员工不执行标准的情况，就要马上│
          │                  │ 纠正其行为。                  │
          ▼                  └──────────────────────────────┘
┌─────────────────────┐      ┌──────────────────────────────┐
│ 3. 宣传张贴          │─────▶│ 标准的作业方法要在显著耀眼的   │
└─────────────────────┘      │ 位置张贴公告，作业指导书要放在作 │
          │                  │ 业者随手可以拿到的地方。       │
          ▼                  └──────────────────────────────┘
┌─────────────────────┐      ┌──────────────────────────────┐
│ 4. 发现标准有问题时的做法│────▶│ 如果你发现标准存在问题或找到   │
└─────────────────────┘      │ 更好的操作方法，不要自作主张地改 │
          │                  │ 变现有的做法，应报告你的上级。大 │
          ▼                  │ 家确定你的提议后，改订标准。   │
┌─────────────────────┐      └──────────────────────────────┘
│ 5. 不断完善          │─────▶┌──────────────────────────────┐
└─────────────────────┘      │ 虽然标准暂时还代表着最好的作   │
          │                  │ 业方法，但科学技术在不断进步，现 │
          ▼                  │ 在的作业方法是改善和进步的起点。 │
┌─────────────────────┐      └──────────────────────────────┘
│ 6. 定期检讨修正      │─────▶┌──────────────────────────────┐
└─────────────────────┘      │ 当发现问题及步骤（人员、机器、 │
          │                  │ 材料、方法）、产品的品质水平、外部│
          ▼                  │ 因素要求（如环境问题）、上层标准 │
                             │ （ISO、GB等）等已经改变时，要检讨│
                             │ 修正。                      │
                             └──────────────────────────────┘
┌─────────────────────┐      ┌──────────────────────────────┐
│ 7. 向新的作业标准挑战 │─────▶│ 通过检查班组现场的作业情况，   │
└─────────────────────┘      │ 找出问题点，实施改善，修订成新的 │
                             │ 作业标准。学习其他改善事例，受到 │
                             │ 启发后再现场实践，寻找改善重点， │
                             │ 从实际出发进行改善。          │
                             └──────────────────────────────┘
```

图 3-2 班组现场作业标准的执行方法和步骤

107

四、标准作业指导书的编写步骤及其范例

编写作业指导书应当明确何地、何人、何时、如何使用等信息,标准作业指导书的编写步骤如图 3-3 所示,其范例如表 3-2 所示。

第三章 生产作业管理工具与方法

图 3-3 标准作业指导书的编写步骤

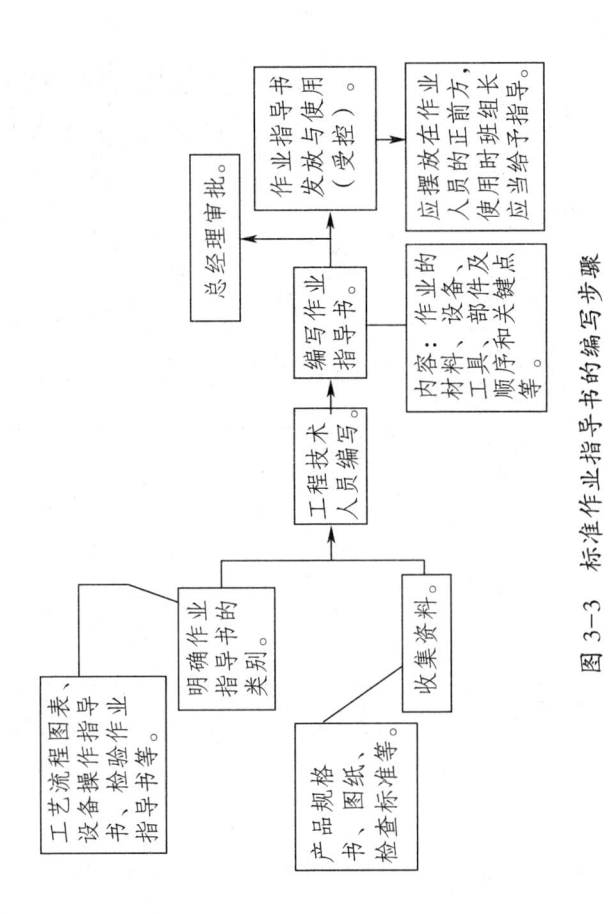

表 3-2　　　　　　　　　　　　　　　　　　　　　标准作业指导书的范例

零件编号	GP87—115	编制日期	01.05.25	产量	420PCS	手工
工序名称	门框加工	部门	装配一线	TT/CT		
NO	作业名称	时间	作业时间			
			5　10　15　20　25　30　35　40　45　50　55　60			
1	中框检查	6				
2	组装上杆至中框并铆接	5				
3	中框铆后合框	10				
4	装锁销到中框	7				
5	装复位弹片到中框	6				
6	热熔	9				
7	检验和收料	7				
合计		50				

标准作业单 ◇	品质	检查	安全注意点	标准在制品	TT/CT	正常作业时间
	✚	●		3		

　　　　◇●✚　←　●✚　←　◇
　　　　　③　　　　　②　　　　①
　　　　　　↓
　　●✚　　　◇●✚　→　●✚　→　◇
　　④　　　　　⑤　　　　　⑥　　　　⑦

110

第二节 工业工程(IE)手法

一、IE 概述

(一)IE 的定义

IE 是一门最有效的运用人力资源和其他各种生产资源的技术。换言之,IE 是一门管理技术。从充分活用各种生产资源这一点来看,IE 可以说是一门改善的技术。IE 所涉及的众多问题中包括人的行动这一要素,所以,IE 也是一门关于人的行动方式的技术。

IE 是通过设计、设置和改善一套人员、材料、设备有机结合的最佳系统的一门专业技术。

(二)IE 的特点

1.IE 的核心是降低成本,提高产品质量和生产率。

2.IE 是综合性的应用知识体系,把技术(制造技术、工具和程序)与管理(人和其他要素的改善管理与控制)有机地结合起来。常用现场 IE 的方法如图 3-4 所示。

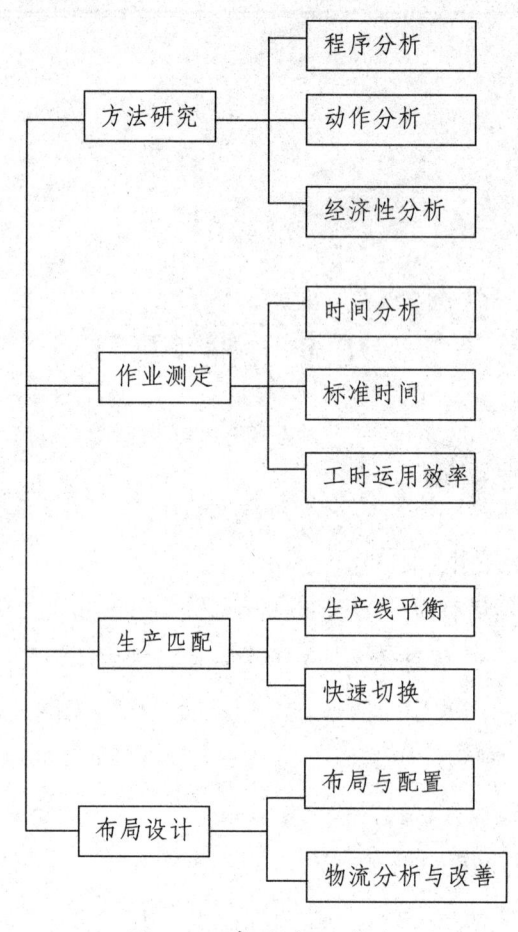

图 3-4 常用的 IE 方法

3.注重人的因素是 IE 区别于其他工程学科的特点之一。IE 为实现其目标,在进行系统设计、实施控制和改善的过程中,都必须充分考虑到人和其他要素之间的关系和相互作用,从操作方式、工作站设计、岗位和职务设计直到整个系统的组织设计,IE 都十分重视研究人的因素,包括人——机关系、环境对人的影响(生理和心理等方面)及人的工作主动性、积极性和创造性、激励方法等,寻求合理配置人和其他因素,建立适合人的生理和心理特点的机器和环境系统,使人能够发挥能动作用,达到提高效率并安全、健康、舒适地工作的目的,并能最好地发挥各生产要素的作用。

4.IE 的重点是微观管理,从工作研究、作业分析、动作和微动作分析到研究制订作业标准、确定劳动定额,从各种现场管理优化到各职能部门之间的协调和改善管理等都需要 IE 发挥作用。

5.IE 是系统优化技术,对各种生产资源和环节作具体的研究、统筹分析、优化配置;对种种方案作定量化的分析比较,寻求最佳的设计和改善方案,最终追求的是系统整体效益最佳——少投入、多产出。

二、IE 的方法研究

(一)程序分析

1.程序分析的定义、对象和目的。程序分析是以产品的整个制造过程为研究对象的一种系统分析技术。它按作业流程的顺序,从第一道工序至最后一道工序,从第一个工作地到最后一个工作地,从材料入厂到成品出厂进行全面分析或全过程分析。程序分析采用规定的符号对研究对象从原材料投入到产品出厂的全过程进行记录，从而有效地发现现有流程的问题，进而探求一个最佳的工作程序，能以此工作最低的消耗（劳动力、成本、物质等）获得最佳的效益。

2. 程序分析常用符号。程序分析的工作流程一般由5种基本活动构成，即操作、搬运、检验、存储和等待。为了能清楚地表示任何工作的程序，我们用表3-3所示的6种符号以分别表示操作、搬运、检验（包括数量检查和质量检查）、存储和等待这5种基本活动。

表 3–3　　　　　　　　　　　　　　　　　　　　程序分析的基本记录符号

工序名称	符号名称	符号	符号表示的内容	示例说明
操作	操作	○	表示原料、零件或产品，依其作业目的而发生物理或化学变化的状态，增加其价值的活动。	机加工、搅拌、打字等都属于操作。
搬运	搬运	⇨	表示原料、零件或产品从一处向另一处移动的活动。	物料的运输、操作工人的移动。
检验	数量检查	□	表示将目的物与标准物进行对比，并判断是否合格的过程。	对照图样，检验产品的加工尺寸；检查设备的正常运转情况等。
检验	质量检查	◇	表示将目的物与标准物进行对比，并判断是否合格的过程。	对照图样，检验产品的加工尺寸；检查设备的正常运转情况等。
储存	储存	▽	表示原料、零件或产品不在加工或检查状态，而是处于贮存或等待状态（预定的下一工序未能立即发生而产生的暂时的、必要的停留）。	物料在某种授权下存入仓库。
等待	等待	D	表示原料、零件或产品不在加工或检查状态，而是处于贮存或等待状态（预定的下一工序未能立即发生而产生的暂时的、必要的停留）。	前后两道工序间处于等待的工作、零件等，等待开箱的货物。

115

3. 程序分析分类和特点。程序分析可分为以下 4 种分析方法，如图 3-5 所示，即以产品工艺为中心的产品工艺分析，以人为中心的作业流程分析，以操作者与机械之间或多名操作者之间的作业程序为对象的联合作业分析（还可以继续细分为人机作业分析和共同作业分析等），以办公流程、手续流程和账本流程研究为中心的业务流程分析。

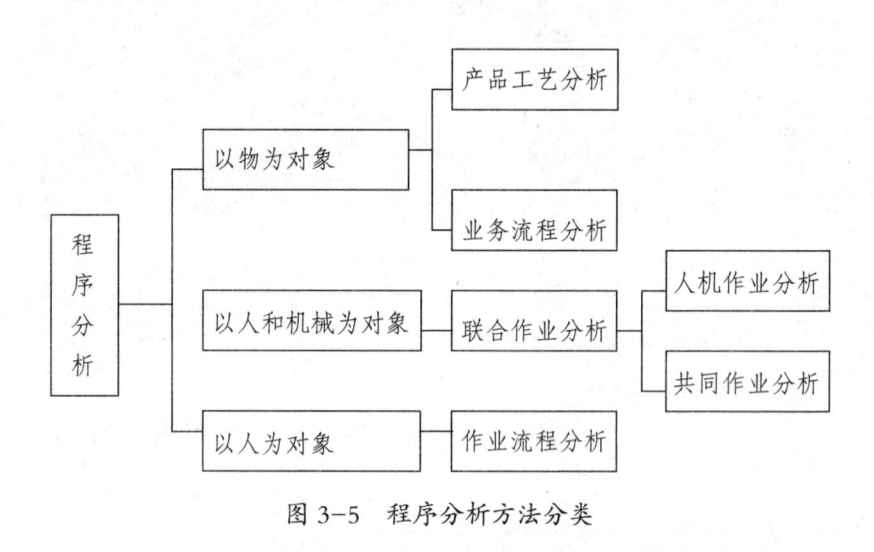

图 3-5　程序分析方法分类

由于分析对象的不同，这 5 种分析方法也各不相同。为了更好地理解和区分这 5 种分析方法，了解各分析方法的目的、工序特征和优缺点，现将各种分析方法进行了归纳总结，如表 3-4 所示。

表 3-4　　　　　　　　　　　　　　　　　　　　　　　　　程序分析方法对比表

方法	目的	作用	工序特征	优缺点
产品工艺分析	产品的生产工艺流程合理化。	调查原材料、零件、在制品等的加工、搬运、检查、停滞情况。分析加工、搬运、检查、停滞等动作有没有浪费时间。针对以上4个方面制订合理可行的改善方案。	多人通过多台机器制造同一产品的工艺过程。	优点：适用于任何产品加工工序的分析，与工序管理图对照时更易于分析。缺点：作业者的动作不明确。
作业流程分析	优化作业者的作业流程。作为流程改善的基础数据使用。	明确各工序的作业内容、作业顺序、作业目的。根据收集的资料进行设备的合理配置。	一人通过不同的机械和工具，在几个作业区之间加工、制造多个产品。	优点：易发现作业者的多余动作，作业者对作业方法的改善更有效。缺点：因作业者不同导致结果有所差异，必须紧随作业者方可观察其行动。

117

续表 3-4

方法	目的	作用	工序特征	优缺点
联合作业分析	理顺人与机械、人与人之间的关系。消除作业人员在生产中的浪费现象,从而使生产效率得到根本性提升。	消除设备在生产过程中空转的浪费现象,提高设备利用率。使人和机器的作业负荷均衡。在生产初期,可作为合理分配工作任务的依据。为现有设备的改造提供依据。	一人操作多台设备的情形,几人共同完成一项工作的情况。在联合作业分析中,有一人一机与一人多机、多人一机、多人共同作业的分析方法。	优点:明确彼此之间的时间关系及空闲时间,明确人与机械的运转状态。缺点:如彼此之间因时间精度分析的因素,难以使用。
业务流程分析	加快信息传递速度,提高业务效率。为企业获取最大的经济效益。最大限度提升顾客满意度。	使业务工作标准化。使信息传递快速化、准确化。去除多余的表单文件,减少无效的事务工作。	跨部门多人连续业务,部门本位主义普遍出现。	优点:业务流程与相互关系明了,责任清晰体现,管理标准化。缺点:时间关系不够明了,标准化较困难。

（二）实例：联合作业分析的应用实例

某机械公司的机械加工车间，某机械设备在新产品导入初期预测其能力是充足的，但在转入大批量生产后，经常因其设备能力不足而导致产品交期延迟。

1. 现状调查。在开始工序分析之前，企业应该对作业内容进行认真仔细的调查、梳理，包括生产状况、生产规模、设备状况、生产布局、生产流程、人员配备等的实际状况，它们对了解各工序之间的现状很有帮助。

2. 绘制现状流程表。在改善初期，我们可以采用绘制现状流程用图表的方式从中发现工作中存在的人机配合问题。表3-5所示为该设备加工的流程现状。从表3-5中发现该工序的稼动率非常低，每一个生产周期中设备都有62.9%的时间发生空转；作业人员在生产过程中等待时间过长，同样占总时间的62.9%，存在着严重的浪费现象。因此，必须进行改善。

表3-5 联合作业分析表（改善前）

工序	作业人员		机器	
	作业内容	时间（分）	作业内容	时间（分）
	准备零件	2.5	等待	2.5
	安装零件	1.5	被装上零件	1.5
	等待	5	加工	5
	卸下零件	1.5	被卸下零件	1.5
	检查、修整、放零件	3	等待	3
稼动率	62.9%		62.9%	

3. 制订改善方案。我们仍以表3-5为例,从既发现的问题中,可从人员、机器、物料、方法、环境等方面入手分析。对该问题分析后发现:在整个13.5分钟的作业过程中,人和机器都有5分钟的等待时间。也就是说,原计划日产80台产品,现在却只能生产48台,这就是稼动率低下的原因,也是我们改善的关键点。由此,我们制订的改善方案是:作业人员在等待机器加工(5分钟)时,可以对上一个零件进行整修、检查、放置(2分钟)和做下一个零件的准备工作(1.8分钟),然后进行下一个零件的安装加工。这样一来,便可以消除工作中的不合理等待时间。

4. 绘制理想的作业流程表。为了能够更直观反映改善后的变化,我们制作了改善方案的表格,如表3-6所示。从表3-6中可以看到,加工零件的周期时间已经由原来13.5分钟缩短至现在的8.5分钟。设备的利用率达到了100%,作业人员的效率也提高到了96.5%。

表3-6　　　　　　　　　　　　　　　　联合作业分析表(改善后)

工序	作业人员		机器	
	作业内容	时间(分)	作业内容	时间(分)
	安装零件	1.5	被装上零件	1.5
	检查、修整、放零件	3	加工	5.5
	准备零件	2.5		
	卸下零件	1.5	被卸下零件	1.5
利用率	96.5%		100%	

5.改善方案标准化。实施作业改善方案后，应该即时地进行整理、完善，并将方案标准化，以防止因作业人员的流动而导致好的作业方法流失。

三、生产线平衡分析

生产线的生产能力是由其能力最低的工序决定的。工序之间能力差别越大，即能力越不平衡，则生产线的效率损失越大。要提高生产线的整体效率，务必改善生产线的工序能力平衡。

（一）生产线平衡分析定义

生产线平衡分析是对生产的全部工序进行平均化，调整作业负荷，以使各作业时间尽可能相近的技术手段与方法，也有人称之为"工序平衡分析""工时平衡分析"。

（二）生产线平衡分析的作用

生产线平衡分析的作用有 5 个方面，分别为：①可以提高作业人员及设备的运作效率；②可以实现机械化、自动化，减少工序的在制品，真正实现"一个流"，对应市场变化实现柔性生产系统；③方便进行新的工序设计或工序编程；④可以缩短等待时间，减少单件产品的工时消耗，降低成本（等同于提高人均产量）；⑤可以综合应用到程序分析、动作分析、搬动分析、时间分析等全部 IE 手法，提高全员综合素质。

（三）生产线平衡分析适用场合

生产线平衡分析适用场合有以下 3 个方面：①为了缩短每个产

品的生产周期时；②生产量变动，为了决定适量人员时；③新产品进行生产编程时。

（四）生产线平衡分析的基本步骤

生产线平衡分析的基本步骤：①确定分析对象的范围——对象生产线和对象工序；②把握分析对象的现状；③明确标准工时或观测各工序纯工时；④制作工序作业速度分析图（棒形图）；⑤计算生产线平衡率和平衡损失率；⑥找到能力富余及不足的工序；⑦研究分析结果，制订改进方案。

（五）生产线平衡的计算

由于工序之间生产能力不平衡，造成待工和待料的现象从而导致的工时损失（或能力损失），称之为生产线平衡损失。该部分工时损失占总工时的比率，称之为生产线平衡损失率。衡量生产线平衡状态的好坏，可以用生产线平衡率或生产线平衡损失率来进行定量衡量。

在计算生产线平衡率或生产线平衡损失率前，必须先设定计算的时间基准，即生产周期。决定生产线的作业周期的工序时间是最长工序的时间，其可用以下计算方法得到。

生产线的平衡率计算公式如下：

生产线平衡率 = 实际作业所需时间总和 ÷ 作业时间总和

$$= \sum T_i \div C_i \times N$$

T_i 是各作业资源加工时间。

C_i 是瓶颈工序单位产品产出时间。

N 是作业资源数总和。

生产线的平衡损失率计算公式如下：

生产线平衡损失率 =（非加工时间总和）÷ 作业时间总和

$= \sum \Gamma_i \div$（生产节拍 × N）

= 1 - 生产线平衡率

Γ_i 是各作业资源非加工时间。

N 是作业资源数总和。

掌握了生产线平衡意义和生产线平衡的计算后，能根据产品的生产工艺流程进行数字化的改善分析，以提升综合生产效率。

1. 生产线的生产能力。一条生产线的生产能力是由其能力最低的工序决定的。例如，某生产线有 A、B、C、D、E5 个工序，其循环时间分别为 20 秒、18 秒、29 秒、25 秒、19 秒（见表 3-7），则该生产线循环时间为 29 秒，生产线的生产能力即为 C 工序的生产能力。假设 C 工序的有效运转率为 83%，则该生产线单时生产能力为 103 件 / 小时。

表 3-7　　　　　　　　　　　　　　　　　　某工序循环时间一览表

工序名称	A	B	C	D	E
作业人数	1	1	1	1	1
循环时间	20	18	29	25	19

2. 瓶颈工序。一条生产线中能力最低的工序即为瓶颈工序。例如，表 3-7 中循环时间最长的工序是 C 工序，其生产能力最低，C 工序就是该生产线的瓶颈工序。

3. 生产线平衡损失。由于瓶颈工序的存在，前工序的生产能力超过瓶颈工序能力，造成前工序因工件积压而待工；相反，后工序的生产能力超过瓶颈工序能力，则会造成后工序因工件供应不及时而待料。例如，表 3-7 中由 C 工序造成每一个作业循环中的其他工序的工时损失分别为 9 秒、11 秒、4 秒、10 秒（见图 3-6），合计损失 34 秒，则该生产线的损失率为：平衡损失率 =34÷（29×5）×100% =23.45%。

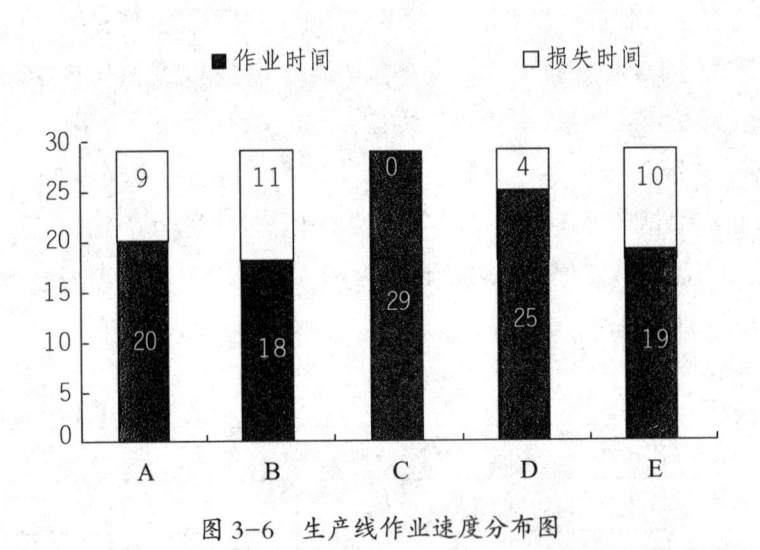

图 3-6　生产线作业速度分布图

4. 生产线平衡分析。我们还以表 3-7 中的生产线为例，对生产线平衡状况进行分析，可以发现瓶颈工序和线平衡损失状况，从而找到改善空间，推动效率改善，进而提高人员及设备的生产效率，减少产品的工时消耗，同时减少在制品、降低在库品，最终降低生产成本。

对生产线的全部工序进行负荷分析，通过调整工序间的负荷分配使之达到能力平衡，最终提高生产线的整体效率，这种改善工序间能力平衡的方法又称为瓶颈改善。

在表3-7中的生产线的平衡率=（20+18+29+25+19）÷（5×29）×100% =76.55%，该生产线的平衡损失率=1- 生产线平衡率=23.45%。

一般来说，平衡损失率在5%～15%以内是可以接受的。否则，就要进行改善。

5.生产线平衡改善。生产线平衡改善就是通过消除瓶颈，压缩生产人员配置和提高作业资源的产出、调整工序的作业内容，使各工序作业时间达到平衡，提高整体生产能力。图3-7可以让我们直观地了解生产线平衡所使用的手法。

（1）分担转移。将瓶颈工序的部分作业内容转移到相邻工序或其他工时短的工序，由作业负荷小的工序分担。

（2）作业压缩改善。将瓶颈工序的不必要部分的作业进行压缩，进行改善。

（3）加人改变。对于工时长的工序，可以通过增加人员来分担瓶颈工序的工作量。

（4）拆解。将瓶颈工序的作业内容拆解。

（5）重排。将瓶颈工序的作业内容拆解后，再将整条生产线的作业内容进行重新编排、分配。

（6）作业改善后合并。合并相关工序，重新排布生产工序或形成新的作业工序。

(1)分担转移　　　　　　(2)作业压缩改善

(3)加人改变　　　　　　(4)拆解去除

(5)重排　　　　　　　　(6)作业改善后合并

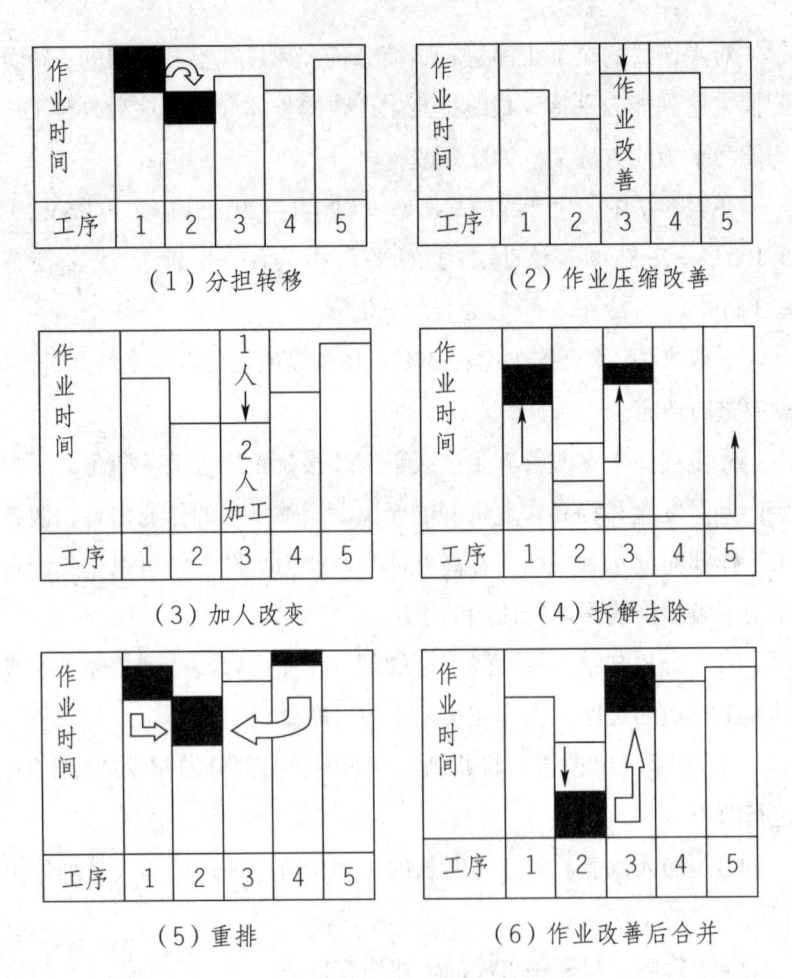

图3-7　生产线平衡改善方法

（六）实例：导轨组装分厂生产线平衡实践

某精密制造公司导轨组装分厂为增加产出、提高效率，聘请生产管理顾问进行指导，成立以顾问、班组长、IE工程师、质量经理、技术工程师等人员组成的改善小组,进行生产线平衡分析。图3-8所示为该公司导轨组装分厂的生产流水线布置图。

通过生产管理顾问改善小组人员实施的生产线平衡的知识训练后,改善小组对导轨组装进行现状分析并绘图,如图3-9所示。

通过平衡图分析(见图3-9),改善小组发现,导轨组装制造二部各工序的作业时间存在相当大的差异,生产线平衡率经计算为68.7%,生产线平衡损失率高。

现场改善小组对导轨组装相近的工序进行研究,发现在作业改善上能采取较简便的方法是合并工序内容,调整并取消时间过短工序,把其中部分工作分配到其他工序中,形成的具体改善方案见表3-8,改善后的生产线平衡图如图3-10所示,改善评价见表3-9。如此,该公司达到了提高生产线平衡率、减少工时损失、提高整体效率的目的。

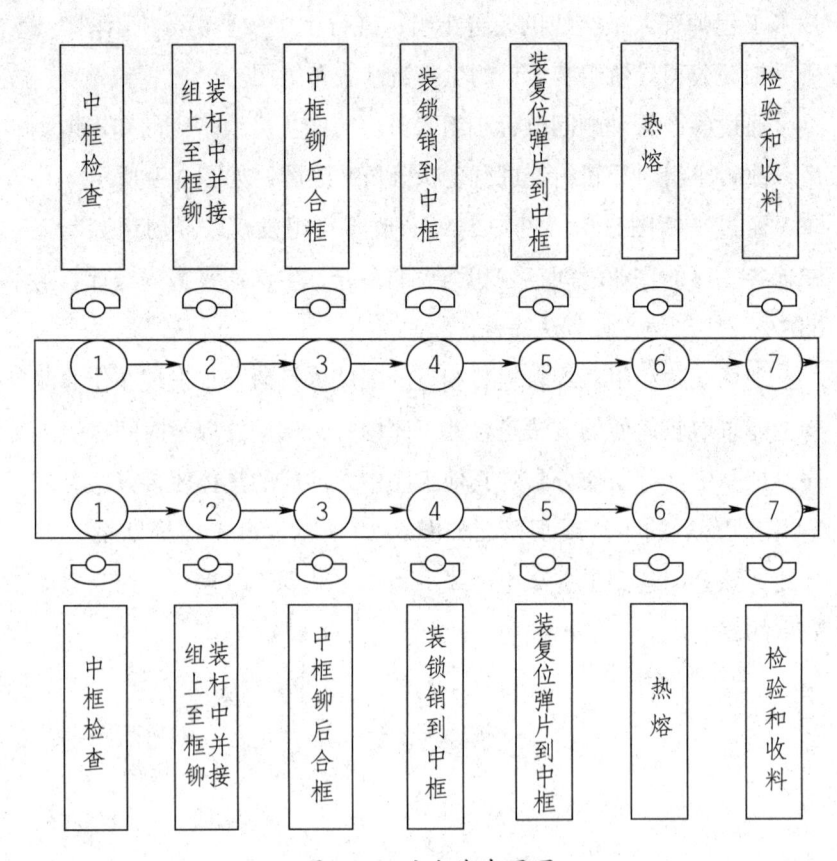

图 3-8 流水线布置图

第三章　生产作业管理工具与方法

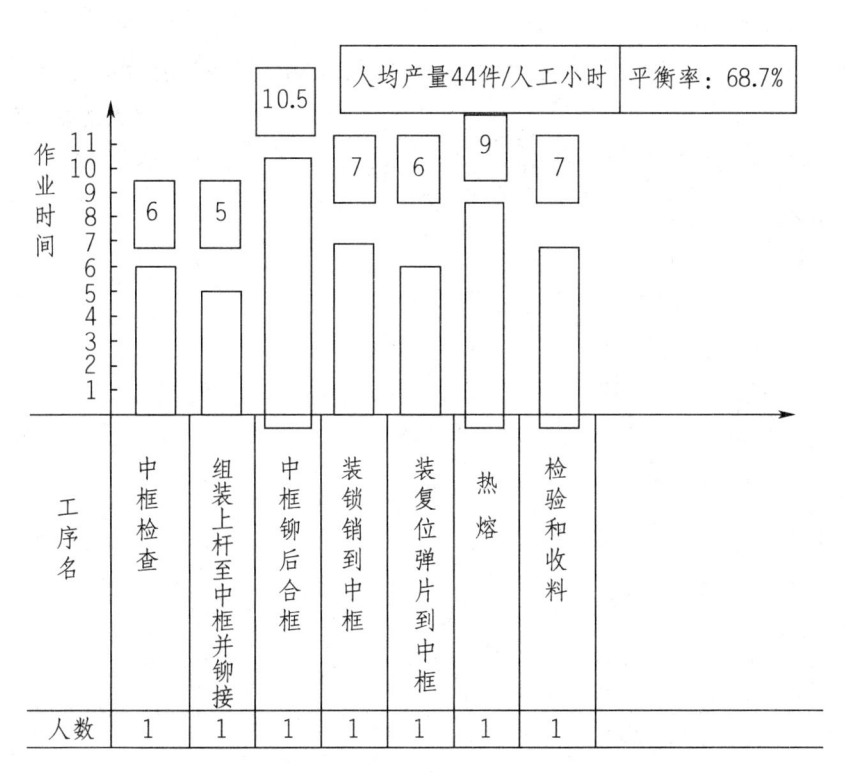

作业时间							
	6	5	10.5	7	6	9	7

人均产量44件/人工小时　　平衡率：68.7%

工序名	中框检查	组装上杆至中框并铆接	中框铆后合框	装锁销到中框	装复位弹片到中框	热熔	检验和收料
人数	1	1	1	1	1	1	1

图 3-9　改善前生产线平衡分析图

表 3-8　　　　　　　　　　　　　　　　　　　　　工序作业改善方案对策表

No	工序内容	原作业时间 (s)	改善方法与内容	调整后需求时间 (s)
1	中框检查	6	合并为一道工序，对中框检查动作进行分析，清除多余动作并标准化。	10.2
2	组装上杆至中框并铆接	5		
3	中框铆后合框	10.5		10.5
4	装锁销到中框	7	将放入复位弹片的内容调整至此工序。	9.5
5	装复位弹片到中框	6	取消。	
6	热熔	9	将卡紧复位弹片的内容调整至此工序。	10.5
7	检验和收料	7	将热熔检验的内容调整至此工序。	9
结果	生产线由原来14人两组改为调整后的15人三组。			

第三章 生产作业管理工具与方法

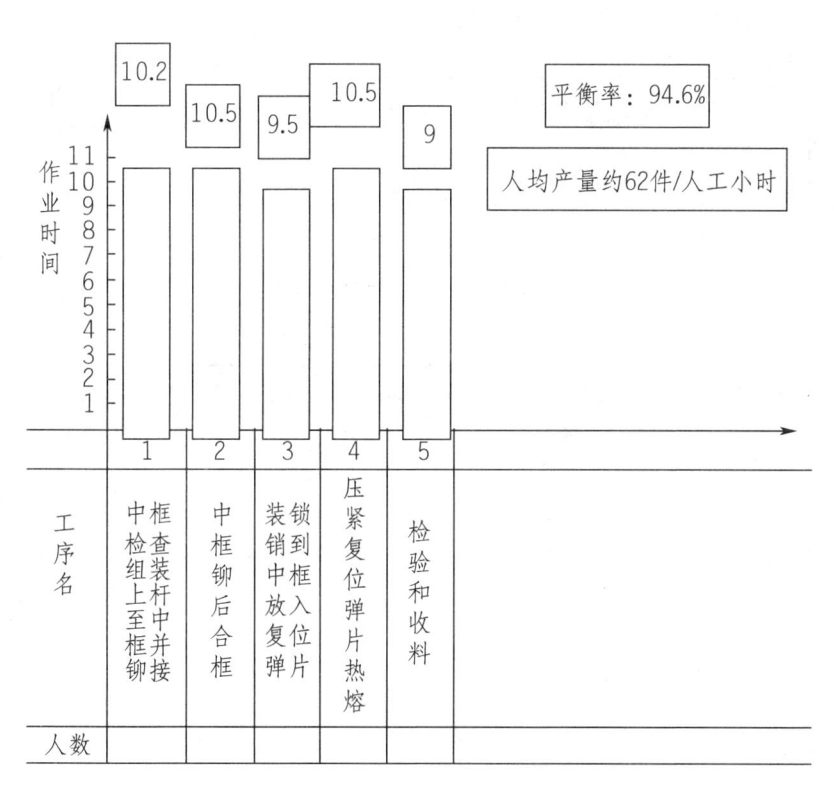

工序1: 10.2 — 中框组装杆上至框检查并接中铆
工序2: 10.5 — 中框铆后合框
工序3: 9.5 — 锁销装入框中放复弹片
工序4: 10.5 — 压紧复位弹片热熔
工序5: 9 — 检验和收料

平衡率：94.6%

人均产量约62件/人工小时

图 3-10 改善后生产线平衡图

131

表 3-9　　　　　　　　　　　　　　　　　　　改善前后各项产能指标比较

项目	改善前	改善后	变化量	变化百分率
人员	14人	15人	+1人	+7.1%
总产量	616件/小时	925件/小时	+309件/小时	+50%
人均产量	44件/人工小时	62件/人工小时	18件/人工小时	+41%
生产线平衡率	68.7%	94.6%	+25.9%	—
单件产品工时消耗	81.8秒/人·件	58.1秒/人·件	-23.7秒/人·件	-29%

四、动作分析与动作改善

(一) 动作分析

工序作业是由多个动作复合而成的,通过动作分析进行动作改善是工序作业改善的重要方法。

1. 动作分析定义。动作分析又称动作研究,是工序作业改善的重要方法。具体而言,动作分析是指按作业人员的动作顺序观察其动作方法,用记号将手部、眼睛或其他身体部分的作业动作记录下来,制作成图表,并以此图表为依据,来分析动作的好坏及寻找改善着眼点的方法。动作分析的目的是寻求省力、省时、安全、经济的作业方法。

2. 动作分析的种类有两种,如下所述。

①目视观察的方法:直接观察作业人员的作业状态,并记录下来。

②录像观察的方法:将作业状态摄录在胶片或录像带上,然后播放出来,进行分析。录像观察法适用于作业场所大、数人共同作业的场合,或者是生产循环周期较长的流水生产线,或者是不规则的作业等。

3. 动作分析的四个步骤如下所述。

①观察和记录作业动作,将作业动作分解成若干个动作要素。

②动作价值分析。根据动作要素对工序作业的贡献进行分类,根据价值判断发现动作浪费。

③消除动作浪费,优化动作。对于无价值的动作要素,应尽量消除;对于有价值的动作要素,应尽量使之做得更轻松、更快、更好。

④重新编排岗位作业。根据改善的动作设定优化后的标准动作，使岗位作业更顺畅、有效。

4.动作要素及其分类。研究发现，工业生产中员工作业常用的动作要素（又称动素）有18种（见表3-10），根据其对岗位作业的贡献可分为A、B、C3类。其中，A类要素中包括核心动素和常用动素，C类又称消耗性动素。

第三章 生产作业管理工具与方法

表 3-10 工序作业中常用的 18 种动作要素

分类	序号	动素名称	缩写	形象符号	说明
有效动素	1	伸手（Transport Empty）	TE	)	空手移动接近或离开目标。
	2	握取（Grasp）	G	∩	用手指握住目的物。
	3	移物（Transport Loaded）	TL	⌒	手持物从一处移至另一处。
	4	放手（Release Load）	RL	○	从手中放下目的物。
	5	装配（Assemble）	A	#	将两个以上目的物组合起来。
	6	使用（Use）	U	∪	使用工具或手进行操作。
	7	拆卸（Disassemble）	DA	‡	分解两个以上的目的物。
辅助动素	8	寻找（Search）	SH	○	用视觉等感官确定目的物的位置。
	9	选择（Select）	ST	→	从许多目的物中选取一件。
	10	定位（Position）	P	9	将物体放置于所需的正确位置。
	11	预定位（Pre-Position）	PP	8	定位前先将物体安置到预定位置。
	12	检验（Inspect）	I	○	将目的物与规定标准进行比较。
	13	持住（Hold）	H	∩	手握物并保持静止状态。
	14	发现（Find）	F	⊚	发现东西时的眼睛的形状。
	15	计划（Plan）	PN	₽	决定下一操作步骤所做的思考。
消耗性动素	16	迟延（Unavoidable Delay）	UD	⌒	不可避免的停顿。
	17	故延（Avoidable Delay）	AD	⌣	可以避免的停顿。
	18	休息（Rest）	R	᧐	因为疲劳而停止工作，以便再恢复。

135

（二）动作改善方法及操作要点

动作改善的基本原则是使动作更加经济，即可以用更少的、更好的动作达到工序作业要求，使员工作业时做得更轻松、更快、更安全及更节省体力，效果更好。

动作优化、减少（去除）和工装化是动作要素改善的三大方法，其具体操作要点见表3-11。

表3-11　　　　　　　　　　　　动作改善的三大方法及其操作要点

改善重点	基本原则	操作要点
动作优化	1.使肢体动作更加协调。 2.前后动作连接与替代。 3.减少注意力浪费。	1.使动作方向与作业进行方向圆滑进行。 2.合并、组合两个以上的动作要素。 3.用身体的不同部位代替手的动作。 4.尽可能多利用左手。 5.减少眼球的多余动作及不必要的判断。 6.提高自动化程度。 7.整理整顿、定置定位。
减少（去除）	1.减少每次运动量。 2.减少动作次数。 3.去除不必要动作。	1.利用重力及动力进行作业。 2.消除反重力方向的作业。 3.缩小作业范围。 4.多个工件同时作业。 5.合并动作要素。 6.适当利用工具消除某些动作要素。
工装化	利用简单工具进行作业。	1.设计适当的工具用于作业。 2.改善工具形状、性能、精度，使之更便于作业。

根据工序作业的动作分析，针对动作要素的分类，采取动作优化、减少（去除）、工装化等方法进行动作改善。在改善的过程中，遵循动作经济原则能帮助我们快速、有效确定改善方案。

第三节 看板管理

看板管理是实施目视管理的重要工具，它是通过看板的运动或传递实现的。班组看板管理责任者为基层班组长，在班组通过推行现场看板管理，使每名员工对每天要干什么及生产进度安排、每项工作、公司发布的消息等情况一目了然。

一、看板的功能和分类

（一）看板的功能

1. 目视管理的工具。作业现场的管理人员通过看板所示的信息，就可知道公司目标、质量情况、后工序的作业进展情况、本工序的生产能力利用情况、库存情况以及人员的配置情况。

2. 生产及运送的工作指令。看板中记载着生产和运送的数量、时间、目的地、放置场所、搬运工具等信息是生产及运送的工作指令，是看板最基本的功能。

3. 防止过量生产与过量运送。通过看板来实现"后工序领取"及"适时适量生产"的原则，可以避免过量生产、过量运送。

4.改善的工具。看板的改善功能主要通过减少看板的数量来实现。看板数量的减少意味着工序间在制品库存量的减少。

（二）看板的分类

看板由于使用对象的不同、功能差异的不同，又可将其分为很多种。看板的分类，作为班组长都应有所了解。

根据看板在现场的使用途径和目的不同，看板可以分为现场看板及行政看板、后勤生活看板、其他看板等几大类，其下又可细分，具体如表3-12所示。

表3-12　　　　　　　　　　　　　　　　　　　看板的分类与内容

分类		具体内容	
现场看板	管理看板	工序管理	
		目标管理	
		设备管理	
		质量管理	
		库存管理	

续表 3-12

分类		具体内容	
现场看板	管理看板	安全管理	安全看板——安全标识、安全警示、用电指示等。
		标识管理	标识看板——状态、区域、标记等。
	JIT生产用看板	传送看板	工序间看板——为后道工序至前道工序领取所需零件时所使用的看板。 外协看板——不仅是在工厂内部使用,也可针对外部供应商。
		生产看板	工序内看板——为单一工序进行加工时所用的看板。 信号看板——挂在成批制作的产品上。
		临时看板	临时看板——为了应对不合格产品及设备故障和额外增产等情况而需要一些库存时,暂时发出的看板。
行政看板	宣传看板	宣传管理	宣传看板——宣传栏、宣传画、班组学习园地等看板。
	人事看板	人事管理	考勤管理板——将成员的出勤、缺席、去向、返网时间、联络方法等信息显示在看板上。 人员配置板——每个人对全员状况一目了然。

续表 3-12

分类		具体内容
后勤生活看板	车辆使用看板	车辆使用管理板——车辆的去向、返回时间等使用状况。
	生活看板	生活看板——洗手间标记、开水房标记、垃圾处理处等处的看板。
其他看板	杂务看板	如"请随手关门""小心地滑"等提示看板。
	活动看板	小团队活动推进板——制成各种不同题目的状况表，在工厂内显示。 娱乐介绍板——制造开心一刻的氛围。
	迎宾看板	欢迎看板等。

二、班组现场看板布局、编制

（一）班组现场布局看板

班组现场布局看板一般安装在电梯口或车间入口处，内容包括现场的地理位置图；现场的总体布局，如车间、生产线的具体位置、内部主要通道及重要设备布局。必要时，应对各种图例和内容做出解释及标出观图者所处的位置等。

如果现场已经做出改动，班组长要及时在布局图上标明。如果现场变动较大，则要报废原有的布局图后重新绘制。

图3-11为某企业班组现场布局看板样式图。

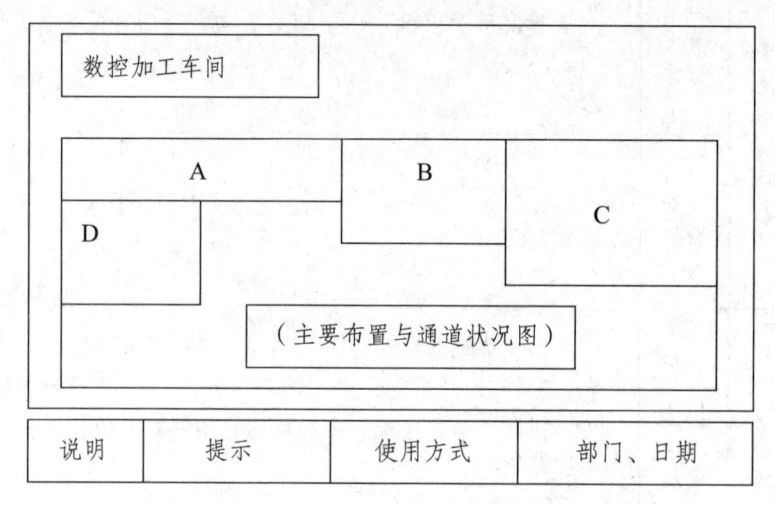

图3-11　某企业班组现场布局看板样式图

（二）班组现场看板编制要领

由于看板是实现精益生产的工具，具有计划和调度指令的作用，又是联系班组内部各道工序及协作厂之间的接力棒，起着实物凭证和核算根据的作用。因此，在编制看板时一般要做到：内容齐全，如产品名称、型号、件号、件名及每台件数、生产的工序或机台、运送时间、运送地点、运送数量、放置位置、最低标准数量等都要写清楚；看板上所记载的各项内容应用不同的颜色标示清楚；看板内容应与实物相符。

1. 班组工作计划看板编制。班组工作计划看板一般张贴在车间主任办公场所或班组附近显眼位置，看板种类如《生产计划》《班组生产计划》《生产实绩》《班组个人生产实绩》《出货计划》《出货实绩》《作息时刻表》《每日考勤》《培训计划》《成品库存》等。看板内容应包括一周生产计划现状，每日生产现状；生产目标、实绩及与计划的差异或变化；用红色标出重点等。

2. 班组生产线看板编制。班组生产线看板多安装在生产线的头部或尾部，内容包括生产现况、主要事项说明、通告、生产计划与实绩、当日重点事项说明等。图3-12为某企业的班组生产线看板样式图。

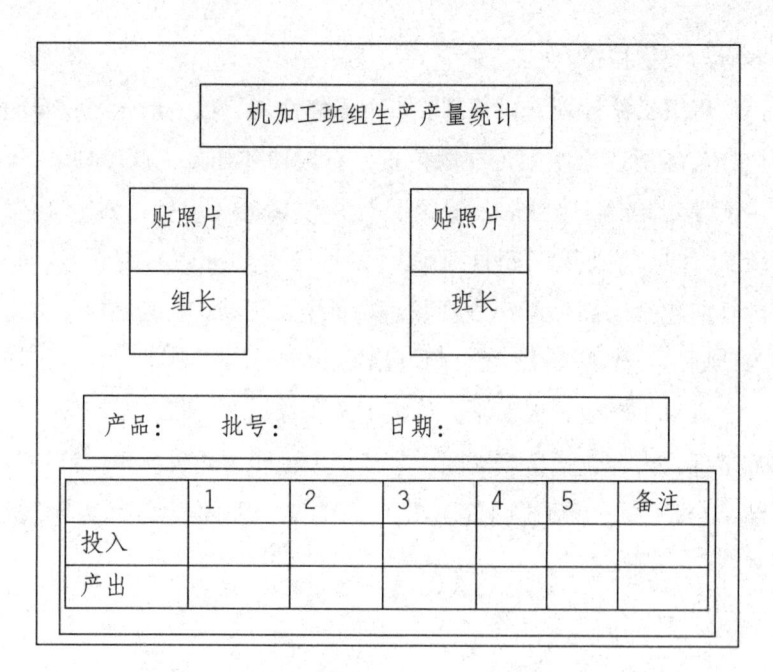

图 3-12　某企业的班组生产线看板样式图

3. 班组品质现状看板编制。张贴在车间墙壁上的品质现状看板有《原材料到货检验（IQC）》《半成品检验（QC）检查表》《成品检验（QA）检查表》《工序诊断结果》《重点工序控制图》等，内容是：每月、周、日的车间或班组品质现状；品质实际状况，包括不良率、完工率、合格率及达成率；各种QC图表等。图3-13为某企业班组品质现状的看板样式图。

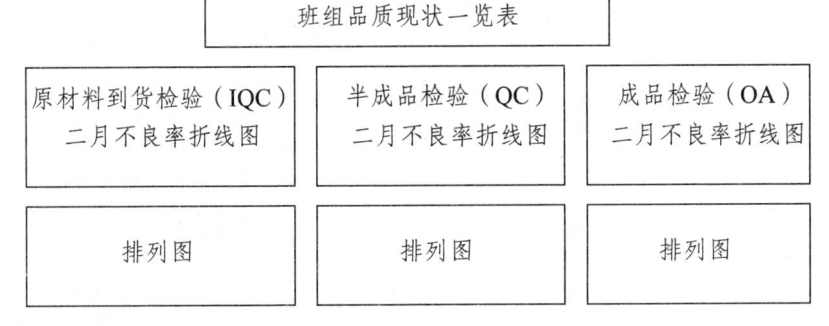

图 3-13 某企业班组品质现状看板样式图

三、JIT 生产用看板

（一）传送看板

传送看板不仅可在工厂内部使用，也可针对外部供应商使用——在固定的时间由专人用卡车将总装配线旁的零件空箱子及供货商看板运送到有关的协作工厂，并换取装满了零部件的箱子。对外订货看板上必须记载进货单位的名称和进货时间及每次进货的数量等信息。所以，传送看板又可分为工序间看板和外协看板。

1. 工序间看板。工序间看板的格式如图 3-14 所示。工序间看板挂在从前工序领来的零部件的箱子上，当该零部件被使用后，取下看板，放到设置在作业场地的看板回收箱内。看板回收箱中的工序间看板所表示的意思是"该零件已被使用，请补充"。现场管理人员定时来回收看板，集中起来后再分送到各个相应的前工序，以便领取需要补充的零部件。

工序间领取看板		发行数	15	看板代号	2105
产品名称	传动小齿轮	产品代号	020331	前工序	锻造 B-2
车型	BWM20F 放置处号码：3E-18			后工序	机加工 M-6
箱容数	20	容器	B	类制代码	B-09

图 3-14　工序间看板示意图

2. 外协看板。 图 3-15 所示为外协看板示意图。

外协看板的摘下和回收与工序间看板基本相同。回收以后按各协作厂家分开，等各协作厂家来送货时由他们带回去，成为该厂下次生产的生产指示。在这种情况下，该批产品的进货至少将会延迟一回以上。因此，需要按照延迟的回数发行相应的看板数量，这样就能够做到按照 JIT 进行循环。

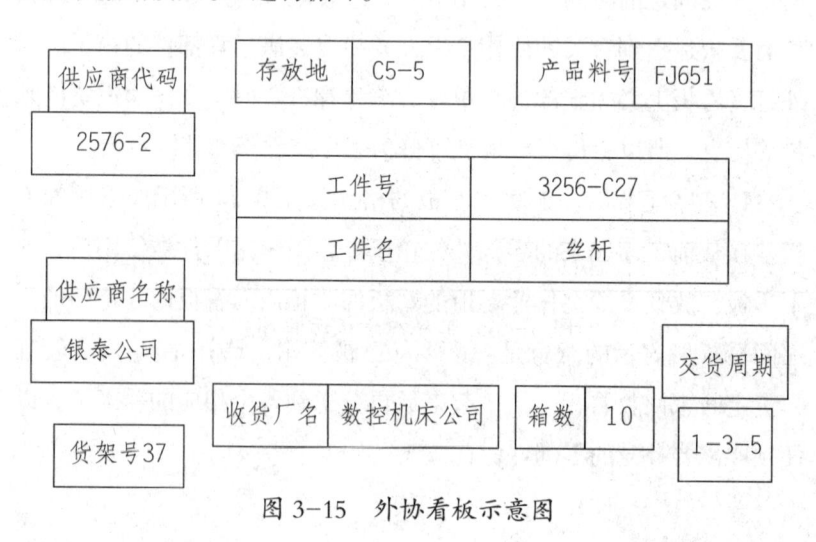

供应商代码	2576-2	存放地	C5-5	产品料号	FJ651
		工件号	3256-C27		
		工件名	丝杆		
供应商名称	银泰公司	收货厂名	数控机床公司	箱数	10
货架号37				交货周期	1-3-5

图 3-15　外协看板示意图

（二）生产看板

生产看板又可分为工序内看板和信号看板及临时看板（紧急看板）几种。

1. 工序内看板指为单一工序进行加工时所用的看板。如果两个工序乃至两个以上的工序紧密连接着，也可视为一个工序，则这些相连接的工序之间就没有必要使用工序间看板。在这种情况下，这些工序间可以使用一张共同的看板。图3-16为工序内看板的范例。

工序内看板的使用方法中最重要的一点是看板必须随实物（即产品）一起移动。后工序来领取中间品时摘下挂在产品上的工序内看板，然后挂上领取用的工序间看板，该工序按照看板被摘下的顺序以及这些看板所表示的数量进行生产。如果摘下的看板数量变为零，则停止生产。这样一来，既不会延误生产，也不会产生过量的存储。

工序内看板			
工程名	\multicolumn{3}{c}{SB-8}
产品名称	曲轴	产品代号	731113
收容数	10	看板发行张数	3
看板编号	A5-2	安全库存	50
车型	SX50BC-150	放置处号码	F18-8

图3-16　工序内看板示意图

2. 信号看板。信号看板是在批量生产工序内（如冲压工序和锻造工序）使用的看板。信号看板有两种类型：三角看板和材料领取看板，如图 3-17 所示。

材料领取看板也叫材料准备看板、材料看板（见图 3-17a）。如果领取到种这种看板时，搬运指示就必须下达，其功能相当于工序间领取看板。图 3-17c 为看板使用方法，如果领取到第三箱的时候，即材料领取看板所挂位置，则冲压工序就必须到物料存放处去领取一个批量（8 箱，即 300 张）的钢板。

三角看板一般挂在一个批量（若干箱）的某个物料箱子上，如图 3-17c 所示。如果领取到挂着这张看板的物料箱时，生产指示就必须下达，其功能相当于工序内看板。图 3-17b 为冲压工序的三角看板，如果零部件箱领取到从下往上数第二箱时，就指示生产 300 个左车门。

第三章 生产作业管理工具与方法

前工序	仓库（存放处）⇒	冲床No.6	后工序
编号	FT-6	品名	钢板
材料规格	70cm×30cm×5cm	托盘容量	50
批量规格	300	托盘编号	8

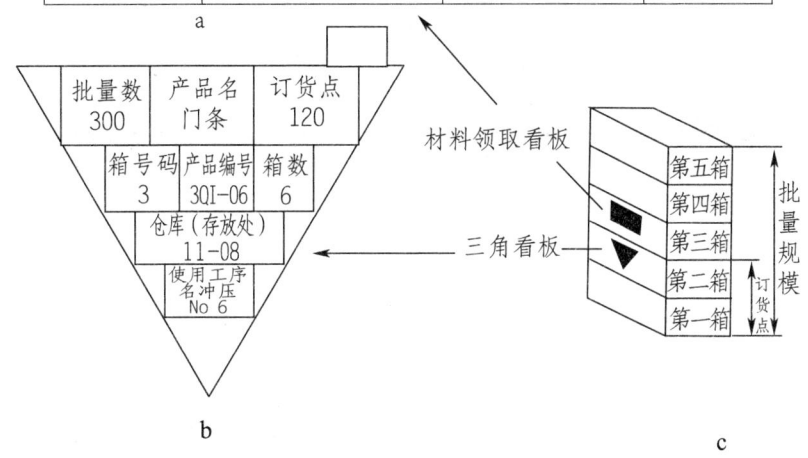

a

b

c

a为材料领取看板　b为三角看板　c为看板使用方法

图 3-17　信号看板示意图

(三)临时看板(紧急看板)

临时看板(紧急看板)是为了应对不合格品及设备故障和额外增产等情况而需要一些库存时,暂时发出的看板。此种看板可以按工序间看板或生产看板的形式使用,但使用后一定要立即收回。

与其他种类的看板不同的是,临时看板主要是为了完成非计划内的生产或设备维护等任务,因而灵活性比较大。临时看板的样式如图3-18所示。

临时生产指示看板			工序
存放场			
产品编号			
品种			
型号		发行时间	

图3-18 临时看板

(四)看板运行规则

所有人员必须了解并正确使用上述传送看板和生产看板;同时,在看板管理中还须遵循以下原则,方能确保看板制度运行的有效性。

1. 不向后一道工序送不合格品。

2. 在必要的时间由后一道工序来领取。

3. 前道工序只按后一道工序的取货量进行生产。

4. 进行均衡生产,各工序均匀地领取零部件。

5. 要使生产工序稳定、合理,要不断减少看板数量。

第三章 生产作业管理工具与方法

看板运行规则是保证看板顺利运行的纪律,是管理者必须遵守的管理原则。看板掌管了工厂的调度工作,是提升管理水平的工具。为了充分发挥看板的功能,除遵守以上5条原则外,还必须根据计算出来的看板数量制订看板运行规则,这成为指导作业员在收到看板信号时如何行动的指导书,也能明确通过怎样的程序以获得帮助。拉动看板运行规则的内容如图3-19所示。

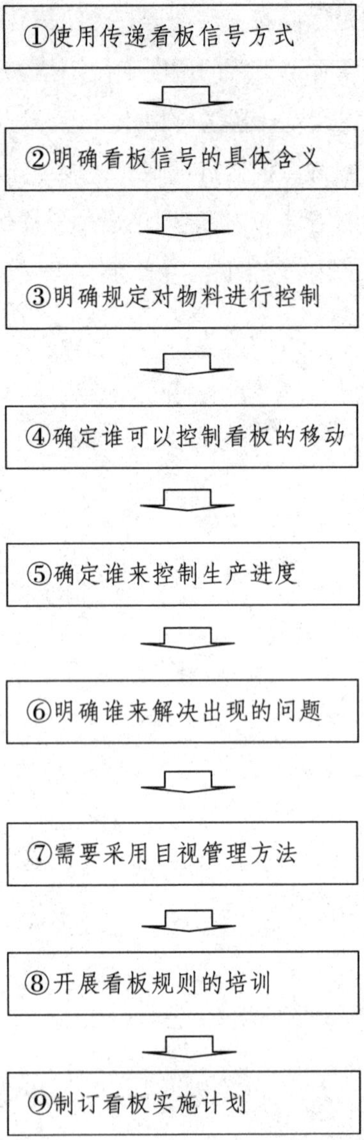

```
①使用传递看板信号方式
         ↓
②明确看板信号的具体含义
         ↓
③明确规定对物料进行控制
         ↓
④确定谁可以控制看板的移动
         ↓
⑤确定谁来控制生产进度
         ↓
⑥明确谁来解决出现的问题
         ↓
⑦需要采用目视管理方法
         ↓
⑧开展看板规则的培训
         ↓
⑨制订看板实施计划
```

图 3-19 拉动看板运行规则的内容

制订看板实施计划这一步骤的最后，要把各个规则作为任务加以分解，最终形成一个具体的实施计划，包括需要采取的各项措施及各项措施计划完成的日期。

四、某工厂冲压工序的信号看板的运行方法

某冲压工厂有卷材剪切和冲压两条生产线，如图3-20所示。在卷材剪切生产线的左侧有卷材存放区域，供原材料卷材存放。在卷材剪切生产线的右面有剪切后的钢板半成品存放区域。冲压生产线的右侧有完成加工的钣金半成品存放区域。托盘上装着各种各样的冲压零部件。在信号看板的位置挂着三角看板和材料领取看板。

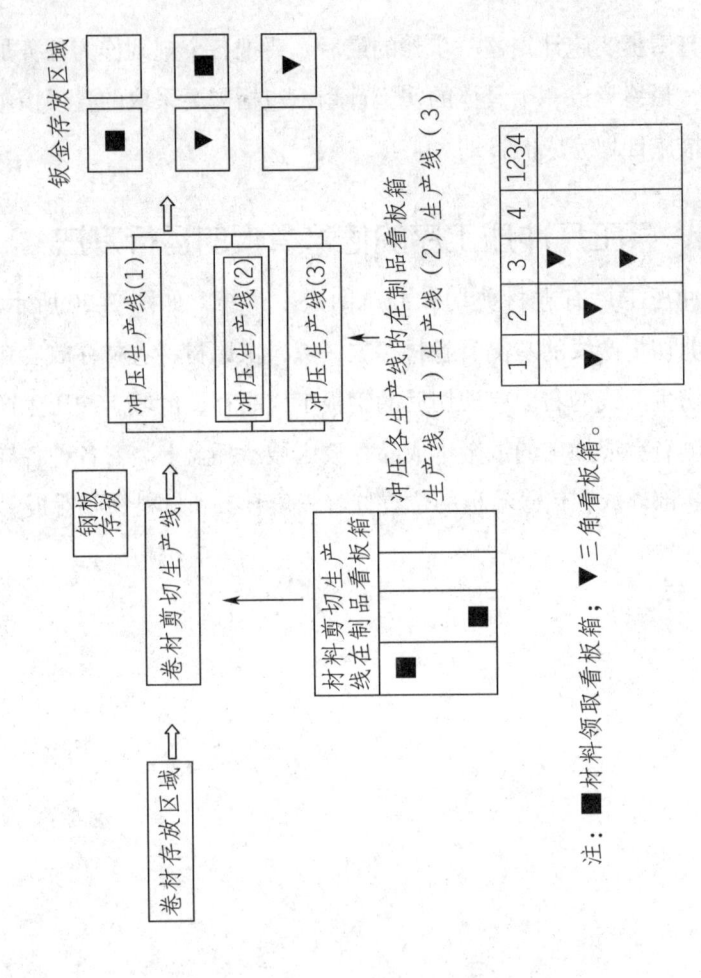

图 3-20 某冲压工厂冲压工序信号看板的传递方法

第四节 精益生产

一、精益生产起源

精益生产起源于日本丰田准时 JIT（Just In Time）生产方式。它是二战后日本汽车工业遭到的"资源稀缺"和"多品种、小批量"的市场制约的产物，经丰田喜一郎及大野耐一等人的共同努力到 20 世纪 60 年代才逐步形成和完善的。

精益生产是美国麻省理工学院数位国际汽车计划组织（IMVP）的专家对日本准时"丰田生产方式"的赞誉之称。日本制造业在 20 世纪七八十年代的崛起和"精益生产方式"概念的出现在世界范围内掀起了一股研究先进制造系统模式的浪潮。精益生产方式就是指以整体优化的观点，以社会需求为依据，以发挥人的因素为根本，有效配置和合理使用企业资源，最大限度地为企业谋求利益的一种新型生产方式。精益生产方式的核心思想在于消除浪费及强调精简组织机构和不断改善、精益求精。

二、精益生产系统结构

　　精益生产系统的目标是零库存、多品种、无缺陷，消除一切浪费、追求精益求精和不断改善，以最优品质、最低成本和最高效率对市场需求做出最迅速的响应。图 3-21 所示为精益生产系统结构模式。精益生产模式要求充分发挥人的主观能动性，通过持续改进，建立目视管理、标准作业和生产均衡化等基础管理工作，实施自动化和 JIT 拉动式生产体系两大支柱体系，消除制造中的各种浪费、降低成本，实现精益生产最终目标，即企业利润的最大化。精益生产系统结构模式体现了精益生产的技术支撑体系，反映了实现精益生产的各种方法，以及它们之间存在的管理方式与环境之间的相互需求、相互适合的关系，同时也存在各个具体手段之间相互支持、相互依赖的关系。

第三章 生产作业管理工具与方法

图 3-21 精益生产系统结构模式

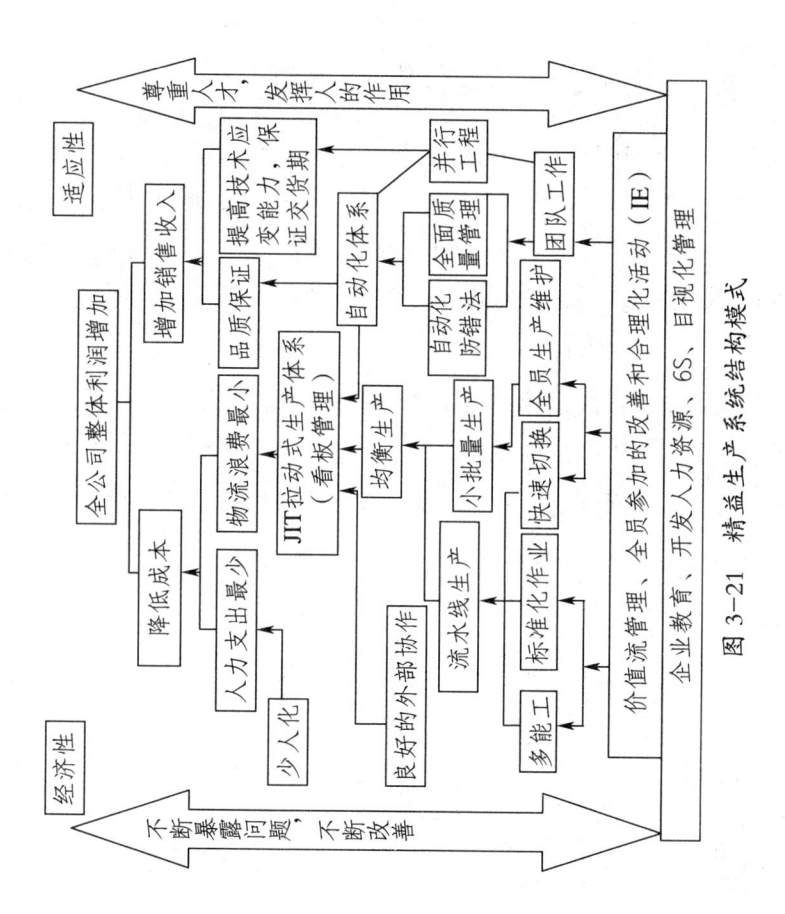

三、精益生产实施步骤和要点

（一）在企业内部成立精益生产组织

企业最高领导必须具备长期坚定的信念，必须亲自督导方才有可能使得精益生产活动成功。同时，企业需成立专门的精益生产办公室，推动精益生产的最高职位必须由企业或区域最高主管来担任，并进行工作进度的有效跟踪。

在企业内部成立的精益生产组织必须包含相应的制造、工程、质量、财务、供应链等多部门，推动全面的精益生产——如生产线的执行、工程问题的处理、成本的核算及物料仓库、生产排配等多项内容。图3-22所示为精益生产推进图例。

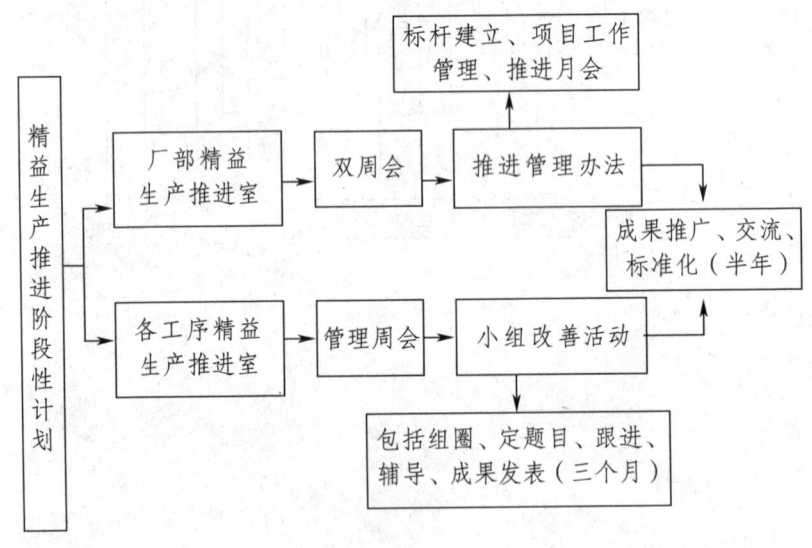

图3-22　精益生产推进图例

（二）从 5S 的最基础管理开始

5S 的目的之一是创建一流的安全生产环境。5S 是一个工厂管理的基础，只有全面地发动全体员工做好 5S 工作，进行主动改善，一个流水生产线才能最大效率地利用起来。

（三）降低生产批量，推动流线化单元生产

在小批量、多品种生产的情况下，采用"单元生产"U 型生产线能大大超过大批量生产条件下传送带流水生产线的效果，它具有弹性地增减各生产线的作业人数、缩短生产周期及快速地应对市场需求的变化的优点。因此，实施单元生产，按照产品的生产流程进行设备及流程布局，按照节拍生产、使用标准化作业、采用小型及灵活的自动化设备，可以在布局、人才培养、物料控制等方面产生极大的改变，从而把精益生产推向更深的层次。

（四）建构均衡化生产方式

采用均衡化生产就是与各种产品的平均销售速度同步进行生产。通过生产排程，尽可能地使生产任务均衡化，混合生产各种产品，以应对变化的需求数量峰值的库存、设备和劳动力等配置。在流水线式的生产形式中，均衡化是通过混合生产（同时生产多个品种）来实现的。在设备的使用上，均衡化是通过专用设备通用化和制订标准作业来实现的；在人员工作量的使用上，均衡化让需要不同人力的生产线进行适当地错峰排配；在备料配送的使用上，按需送备料，减少库存数量，降低资金和费用。

(五)建立拉动式的准时化生产

准时化生产是缩短生产周期、实现零库存的主要方法。拉动式的准时化生产就是以最终用户的需求为生产起点,它可以缩短生产周期,强调物流平衡,追求零库存。由于采用了拉动式的准时化生产,生产中的计划与调度实质上是由各个生产单元自己完成的,实现了生产管理调整;使生产工序稳定、合理,顺应多品种、小批量生产的需求。图3-23与图3-24为拉动式的准时化生产和传统的生产计划方式的比较示意图。

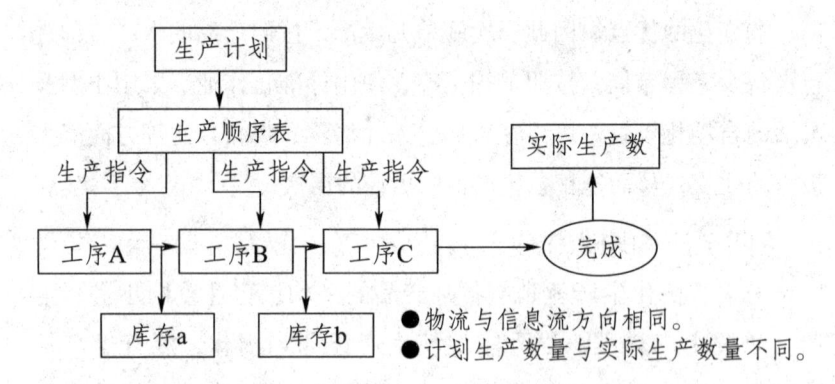

图3-23 传统生产指令的下达方式
● 物流与信息流方向相同。
● 计划生产数量与实际生产数量不同。

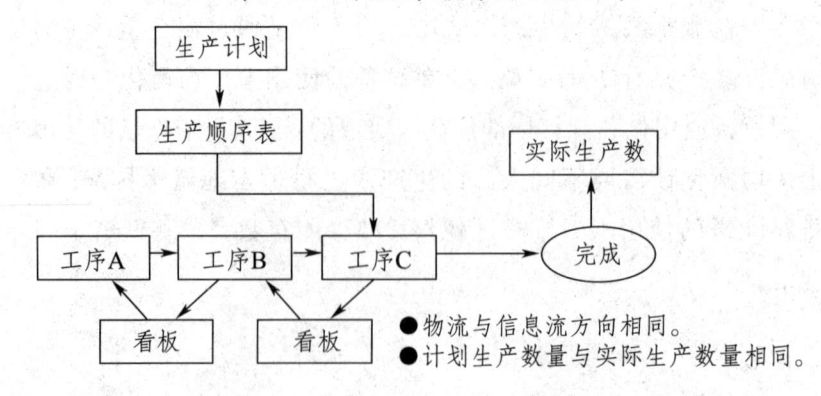

图3-24 拉动式准时化生产的生产指令
● 物流与信息流方向相同。
● 计划生产数量与实际生产数量相同。

在传统的生产计划方式中，生产指令同时下达给各个工序，即使前后工序出现变化或异常，也与本工序无关，仍按原指令不断地生产。其结果就是会造成工序间生产量的不平衡，容易产生工序间的在制品库存。

在拉动式的准时化生产方式中，由于生产指令只下达到最后一道工序，其余各工序的生产指令是由看板在需要的时候向前工序传递，避免了生产不必要的产品，避免和减少了非急需品的库存量。最后，拉动式的准时化生产线的生产方式生产的成品数量与生产指令所指示的数量是一致的；而在传统的生产计划下，这两者往往是不同的。

（六）标准化建立

在标准化动作、物流规范、设备保养规范、工艺文件、环境维持、测量系统、5S 推动、人员培训等方面实现标准化；然后，管理执行层面的计划控制、制造流程、质量控制、产品开发过程要实现标准化；最后，组织系统方面的组织、考核、KPI 管理、绩效评定等方面要实现标准化。

（七）团队工作法

精益生产的中心是员工，企业把员工的智慧和创造力视为宝贵财富和未来发展的原动力。团队工作法就是通过工作小组共同协作，传授工作经验，一专多能，互相提高，保证工作顺利进行。团队工作法的基本氛围是信任，以一种长期的监督控制为主，避免对每一步工作都实施稽核，提高了工作效率。团队工作的具体特点如下所述。

1. 以人为本。企业把每一位员工放在平等的地位，鼓励员工参加管理和决策，并尊重员工的建议和意见。例如，合理化建议制度；注重上下级的交流和沟通；员工能以主人翁的态度开展工作，发现现场管理工作中的问题，不断改善提高。

2. 重视培训。为了培养出高素质的技术和管理人才，采用在岗培训的方式对员工进行培训指导，如多能工培养、在岗培训和人才育成等活动。充分发挥员工各自的能力，及时发现和解决生产过程中的问题。

四、某摩托车有限公司的精益生产成功实践

某摩托车有限公司主要生产三大系列近20个品种的摩托车。自公司与日本某公司合资以来，产量增加了15倍多，产品远销阿根廷等国家。这时，该公司的生产能力产生瓶颈，实物质量处于失控状态，企业最高层决定开始实行精益生产，以提升客户满意度和企业效益。

（一）推进措施

1. 明确目标。设定万元净销售额中各类生产要素利用率的目标。

2. 突出重点，分步实施。针对公司生产能力瓶颈和实物质量失控这两个最紧迫的问题，有针对性地推进精益生产。组织了以降低库存为目标的准时化生产和以优化作业、提高劳动效率为目标的作业研究，实现物流理顺作业优化，全面实现了适时供货（即准时成套供货）。

3. 专群结合。按照日本企业的作法，采取聘请日本专家咨询和全员参与相结合的办法，努力做到人人参与每一道操作工序的作业

分析，不间断地优化。

4.整体推进，全面提高要素的利用率。进一步强化企业文化建设，实行了维修区域管理制、运载工具集中制、产品质量现场巡查制等，初步达到了 IE 所要求的要素优化配合和要素效能提高的目的，精益生产产生了整体效应。

(二)实施方法

在推进精益生产的过程中，该公司通过对整个制造过程的分析及产品/材料的流程分析、多人作业程序分析和布置与线路的分析，初步实现了生产作业系统的优化。表 3-13 所示为该公司的精益生产实施方法。

表 3-13　某摩托车有限公司精益生产实施方法

实施方法	具体方法	具体内容
1.进行工序分析，实现生产作业系统的优化。	①"一个流"	不断减少在制品、成品和原材料库存，按照"一个流"生产的方式，组织同步均衡生产。要求以总装车间为龙头，通过按下工序的需求方式，上工序按下道工序向上道工序要料的方式，采用拉动式的准时化生产管理方式，取消下道工序"拉动式"生产的方式，从而取消了工厂内部的在制品仓库，实现了物流最短化。
	②铲运集中制	对公司铲运（铲车、电瓶车运输）方式实行集中管理，即将人员、车辆集中到相关部门，以收料分主管部门，对各自管辖的车辆和人员统一调度使用，完成各自范围的搬运作业。
2.进行作业分析，改进作业方法。	①设备一级管理	实施设备区域维修集中管理。每一区域配备了机、电工程师，从原制改为"坐诊""出诊"巡访制，即通过预防性维修来确保工厂设备的正常运行。
	②适时供货	工厂总装、部装车间的各主要零件按生产需求和适时供货的要求，分别制订了作业标准。改变配套件的送货方式，加强自检工作业计划的编制和检查，设定了定期、定量指标，做到了既保证生产又定时、定点、定量供货。

164

续表 3-13

实施方法	具体方法	具体内容
2进行作业分析，改进作业方法。	③同步分装与同步集配	当车身在总装上线时，由整车流 SPV 系统将订单信息通知相关分装工序，分装工序将该部件装配点与车身上线点之间的时差提前装好，准时送到生产线边，满足订单的各种不同要求。
	④看板管理	以看板控制为主要工具的物流控制系统。公司在车间之间、工序之间应用看板这一管理工具，严格控制物流的时间和数量，实行在必要的时候以必要的数量把必要的零件到达必要现场地的措施。
	⑤缩短作业更换时间	公司采用液压滑动快速换模装置，运用看板系统自动完成生产准备工作，仅为两三分钟。"换模时间"比使用看板前压缩50%以上。

165

（三）效果

图 3-25 所示为该公司推行精益生产的效果的示意图。

⑥生产组用来工位之间传递和堆放半成品、成品的工位器具降低使用率68％。

⑤车间现场在制品降低90％。

④公司外配套零件的适时供货率达到97％，月平均库存资金下降17％，周转天数缩短65天。

推行精益生产效果

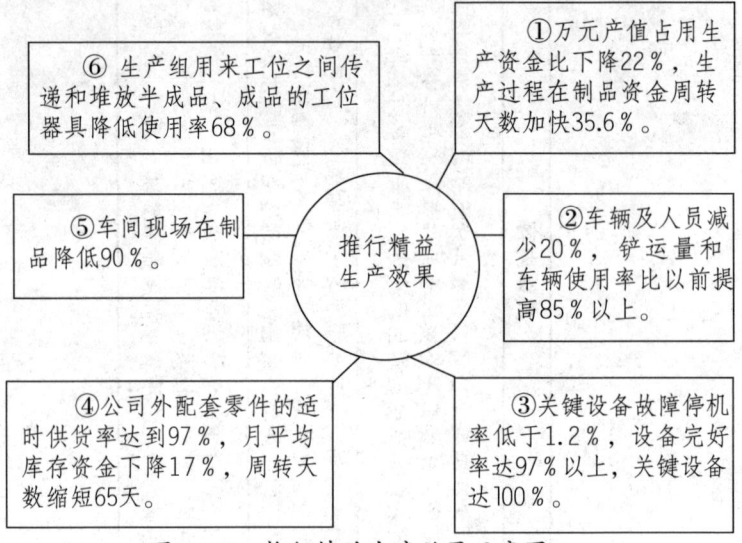

①万元产值占用生产资金比下降22％，生产过程在制品资金周转天数加快35.6％。

②车辆及人员减少20％，铲运量和车辆使用率比以前提高85％以上。

③关键设备故障停机率低于1.2％，设备完好率达97％以上，关键设备达100％。

图 3-25　推行精益生产效果示意图

第四章
班组质量管理工具与方法

导　读

引　子　电机厂陈班长运用 QC 工具的成效
第一节　质量保证 QC 活动的七大工具
第二节　零缺陷管理
第三节　QC 小组活动
第四节　现场问题解决 8D 法
第五节　防错法

引子　电机厂陈班长运用 QC 工具的成效

某电机厂电气事业部成套车间机器班的陈班长，虽被某市评为"十佳青年岗位能手"并破格晋升为技师，但他还是不骄不躁，仍然默默地工作在钳工岗位上。

这一天，陈班长接到一项高难度的任务——负责加工地铁××线相关产品的刀型开关的刀片、刀座。面对以前老产品外观出现不同程度的缺陷、产品质量达不到设计要求、合格率低、材料浪费严重等问题，陈班长看在眼里、急在心里，决心一定要改变这一状况。陈班长在生产过程中通过对人、机、料、法、环等要素进行 QC 分析，确定对策，改良加工方法和刀具的切削方式。他自己利用休息时间先试制加工，发现瑕疵，再改用另一种加工方法试验，不断地改进、完善。最后，经过他的不懈努力终于解决了问题，产品质量有了很大的提高，合格率由 64% 提高到 96% 以上，工作效率提高了一倍。

请思考：作为班组长，你应如何运用 QC 工具进行质量改善活动？

第一节　质量保证 QC 活动的七大工具

用于现场改进的基本 QC 七大工具起源于日本科学技术联盟，20 世纪 70 年代备受日本工业界推崇，并在日本企业的现场质量改进方面立下了汗马功劳。

一、检查表法

（一）检查表的定义

为了便于收集数据，使用简单易于理解的表格或图形记录数据，以便使工作人员作进一步的分析或作为核对、检查、记录结果及状况的依据，并加以统计整理数据，即称为检查表。检查表法是最简单、应用最广的质量保证方法。

（二）检查表的应用

①检查表为生产现场最容易取得有效数据的一种表格，如调查不良项目、工程分布等标准表格。

②检查表可以用于自主检查，以收时效，如 5S 检查表、工业

安全检查表、内部审核表等。

③可利用检查表建立工作上的标准表格文件，如 QC 检验记录表、机器保养记录表等。

④可借用检查表做在职教育训练。

（三）检查表法实例

表 4-1 为检查表法的实例，供读者参考使用。

第四章　班组质量管理工具与方法

表 4-1　检查表

班组：冲压班		件名：冲压件		件名：QWE12		起始时间 3月18日~3月22日	
检查人：吴卫东		查检方式：全检		查检时间：全天			
不合格项	日期	3月18日	3月19日	3月20日	3月21日	查检符合	总计
弯曲		√√√	√	√√	√	√√	9
毛刺		√√	√√√	√	√√√	√	10
起皱		√√	√	√√√	√		7
划伤		√√√	√√	√√		√√	9
曝漆		√		√		√	3
脏污		√√	√√	√√√	√	√	9
裂纹			√		√		2
合计		13	10	12	7	7	49
查检数		79	65	89	58	61	352

173

二、排列图法

（一）排列图的定义

将一定期间所收集之不良数、缺点数、故障数等数据，依项目及原因、位置加以分类，并按照各分类项目占总体比例大小顺序排列，并绘制累积值的图，称为排列图，又称柏拉图、重点分析图或ABC图，由意大利经济学家帕累托提出。

（二）排列图的实施步骤

图 4-1 所示为排列图的实施步骤。

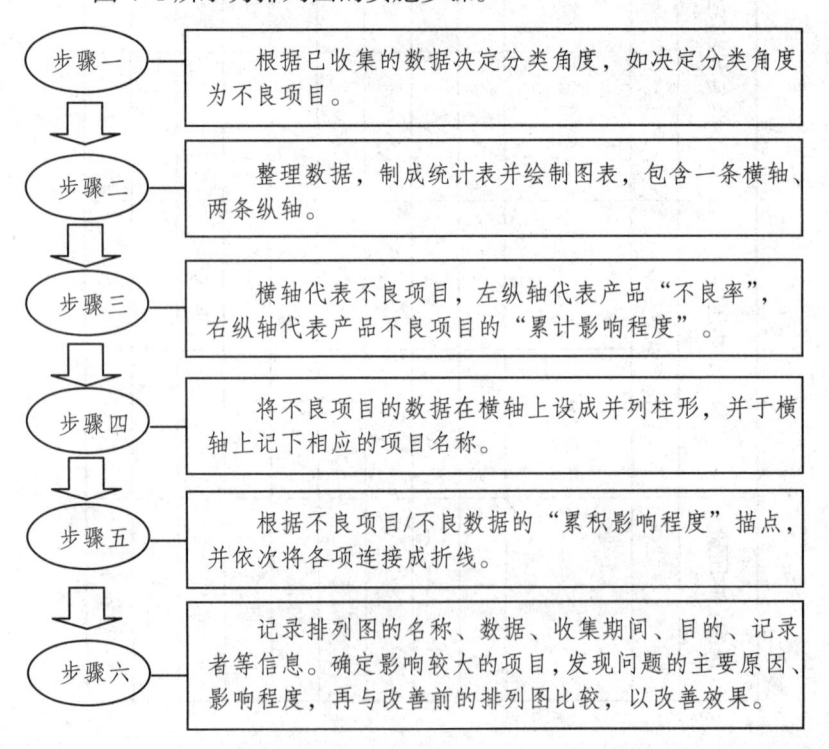

步骤一　根据已收集的数据决定分类角度，如决定分类角度为不良项目。

步骤二　整理数据，制成统计表并绘制图表，包含一条横轴、两条纵轴。

步骤三　横轴代表不良项目，左纵轴代表产品"不良率"，右纵轴代表产品不良项目的"累计影响程度"。

步骤四　将不良项目的数据在横轴上设成并列柱形，并于横轴上记下相应的项目名称。

步骤五　根据不良项目/不良数据的"累积影响程度"描点，并依次将各项连接成折线。

步骤六　记录排列图的名称、数据、收集期间、目的、记录者等信息。确定影响较大的项目，发现问题的主要原因、影响程度，再与改善前的排列图比较，以改善效果。

图 4-1　排列图的实施步骤

（三）排列图实例

某公司某刀具加工班组的某月产量为 1650 把，不良品是 57 把。为了分析原因，降低不良率，我们按表 4-2 质量问题点的原因归类排列并绘制排列图，图 4-2 为绘制的排列图。

表 4-2　　　　　　　　　　　　　　　　　　　　　　刀具加工质量不良点

次序	不良名称	不良件数	比例	累积不良数	累积比例	备注
1	接柄	19	33.3%	19	33.3%	
2	热处理	16	28.0%	35	61.3%	
3	车床	8	14.0%	43	75.3%	
4	变形	5	8.8%	48	84.1%	
5	电性不良	3	5.3%	51	89.4%	
6	冲料	2	3.5%	53	92.9%	
7	外加工	1	1.8%	54	94.7%	
8	其他	3	5.3%	57	100%	

图 4-2 排列图绘制示意图

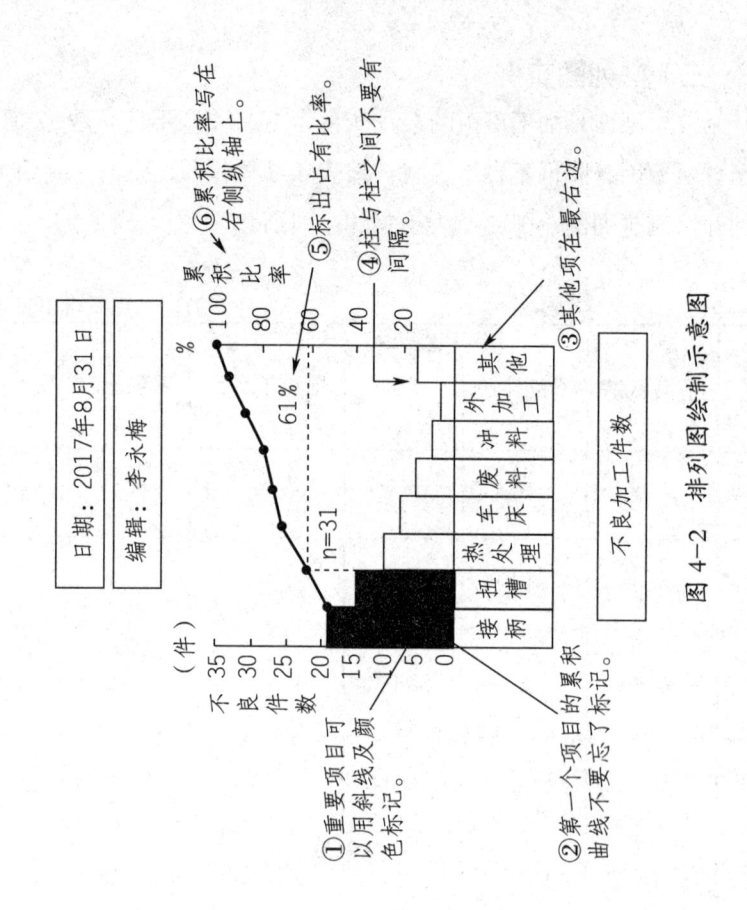

三、因果图法

(一)因果图法的定义

因果图法是借着许多人共同讨论,采用脑力激荡的方法,以找出事物的因果关系的一种技巧。在分析质量问题时,先找出造成质量问题的各种可能要因,然后将其中的要因列为次主题,再次讨论分析出原因……如此一层一层地分析下去,直至该事物的因果关系完全掌握为止。因果图法是分析确定产品质量问题的主要原因的工具。在分析过程中,因果图法中的因果关系以箭头表示,最后绘出的图形如同一副鱼骨,因此称之为因果图,又称鱼骨图或特性要因图。因果图为日本的石川馨发明,故又称为石川图。

(二)因果图法的绘制步骤与方法

因果图法的绘制步骤如图 4-3 所示。

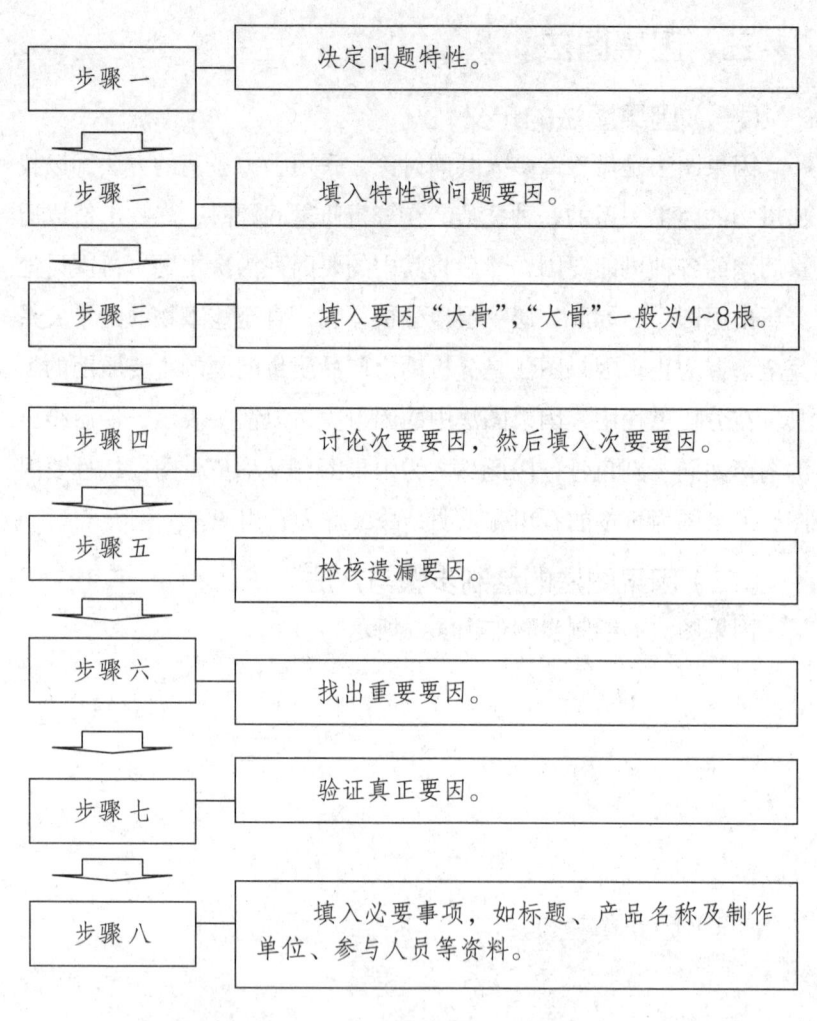

步骤一	决定问题特性。
步骤二	填入特性或问题要因。
步骤三	填入要因"大骨","大骨"一般为4~8根。
步骤四	讨论次要要因,然后填入次要要因。
步骤五	检核遗漏要因。
步骤六	找出重要要因。
步骤七	验证真正要因。
步骤八	填入必要事项,如标题、产品名称及制作单位、参与人员等资料。

图 4-3 因果图法的绘制步骤

图 4-4 所示为因果图法（特性要因图法）的绘制方法。

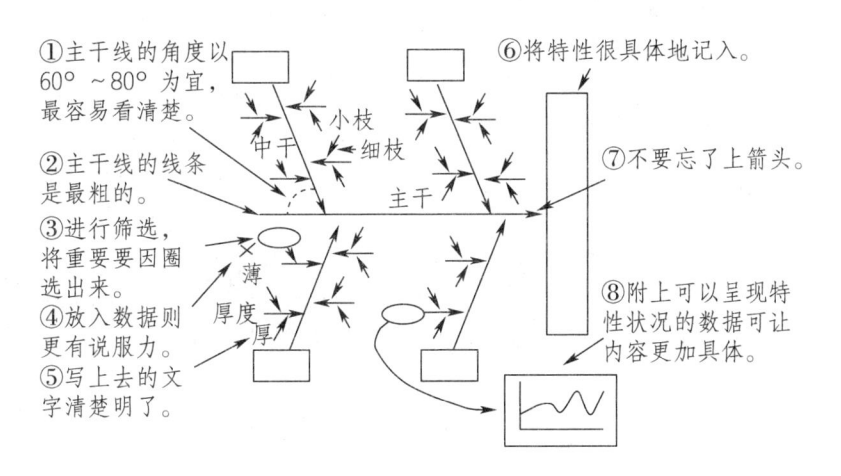

①主干线的角度以 60°～80° 为宜，最容易看清楚。
②主干线的线条是最粗的。
③进行筛选，将重要要因圈选出来。
④放入数据则更有说服力。
⑤写上去的文字清楚明了。
⑥将特性很具体地记入。
⑦不要忘了上箭头。
⑧附上可以呈现特性状况的数据可让内容更加具体。

图 4-4　因果图的绘制方法

（三）因果图法的应用

1. 因果图法与查检表法、排列图法、直方图法等配合使用，能起到双重效果。

2. 因果图法可应用在 5W（即连问 5 次为什么）的源流管理训练与脑力激荡训练。

（四）因果图法实例

某厂为了尽快解决生产计算机用 6 英寸硅片生产率偏低的问题，生产部经理责成工程师和相关主管采用因果图法分析并寻找真正的原因。图 4-5 所示为该问题展开的因果图。

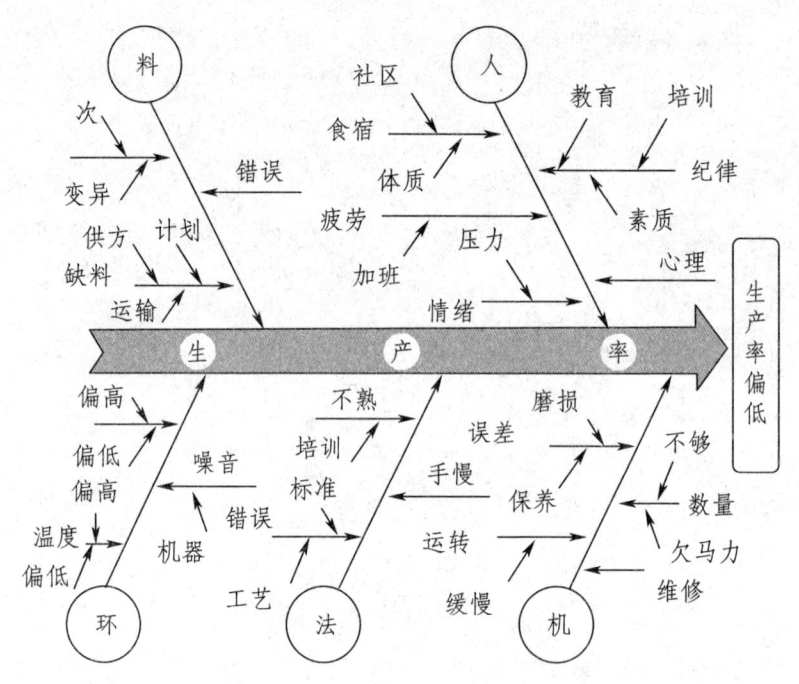

图 4-5 某厂产品生产率低的分析因果图

四、散布图法及其应用实例

（一）散布图的定义

将因果关系所对应变化的数据分别描绘在 x-y 轴坐标系上，以掌握两个变量是否相关及相关的程度如何，这种图形叫作散布图，又称相关图。散布图可使我们易于了解及掌握成对的两种数据间的关系，通常多用来检定因果图中的特性结果及要因（原因）的关系，也可用来表示特性与特性间的关系。

（二）散布图的种类

图 4-6 所示为 6 种常见的散布图。

1. 正相关：当变量 x 增大时，另一个变量 y 也增大。

①强正相关（图 4-6a），如功率与载重的关系。

②弱正相关（图 4-6c），如体重与身高的关系。

2. 负相关：当变量 x 增大时，另一个变量 y 却减少。

①强负相关（图 4-6b），如投资率与失业率的关系。

②弱负相关（图 4-6d），如血压与年龄的关系。

3. 不相关：如图 4-6e 所示，变量 x（或 y）增大时，另一变量 y（或 x）并不改变。

4. 曲线相关：如图 4-6f 所示，变量 x 开始增大时，y 也随着增大；但达到某一值后，当 x 增大时，y 反而减少。反之，亦然。

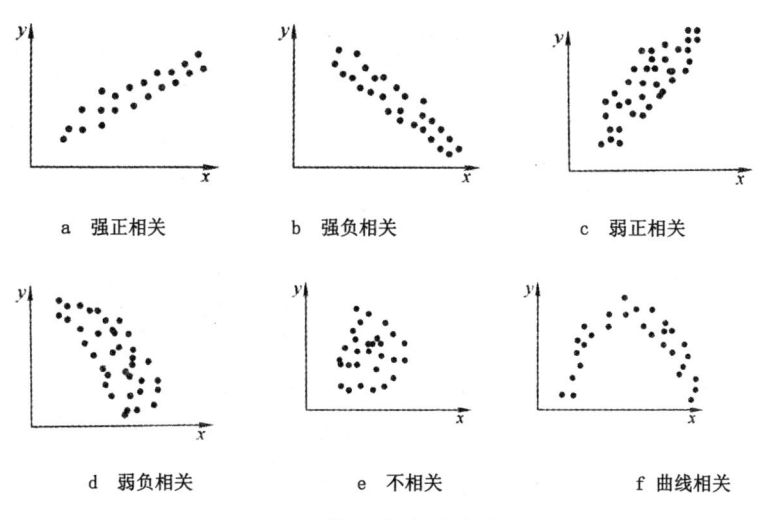

a 强正相关　　b 强负相关　　c 弱正相关

d 弱负相关　　e 不相关　　f 曲线相关

图 4-6　常见散布图代表图形

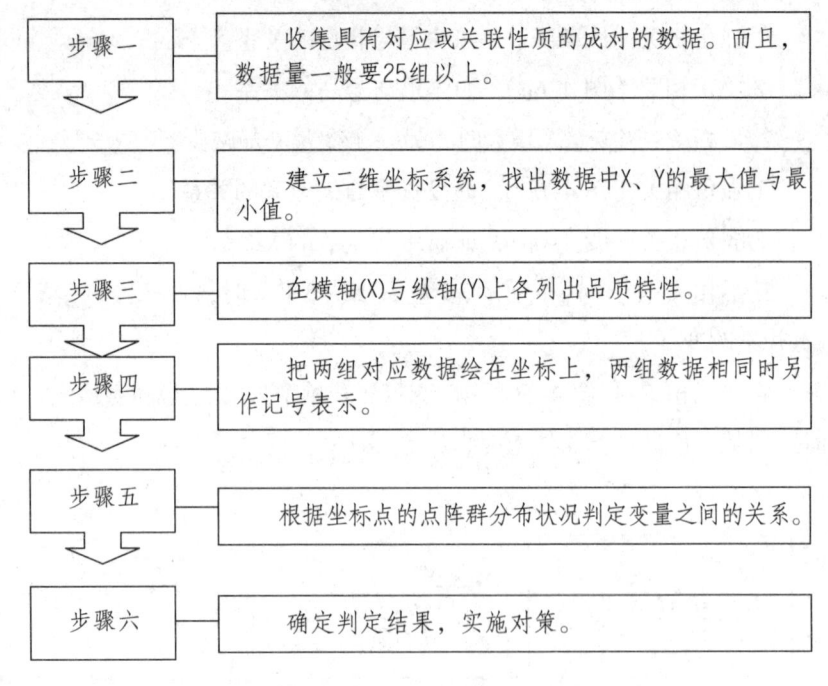

（三）散布图的绘制步骤

散布图的绘制步骤如图 4-7 所示。

步骤一　收集具有对应或关联性质的成对的数据。而且，数据量一般要25组以上。

步骤二　建立二维坐标系统，找出数据中X、Y的最大值与最小值。

步骤三　在横轴(X)与纵轴(Y)上各列出品质特性。

步骤四　把两组对应数据绘在坐标上，两组数据相同时另作记号表示。

步骤五　根据坐标点的点阵群分布状况判定变量之间的关系。

步骤六　确定判定结果，实施对策。

图 4-7　散布图的绘制步骤

（四）散布图实例

从图 4-8 的分布情形可以看出：当电视机的使用年限越长，其画面清晰度也就越低。也就是说，电视机的清晰度与使用年限是有关系的，这种关系称为相关。要检视此种相关关系，散布图是很有效的工具。

第四章　班组质量管理工具与方法

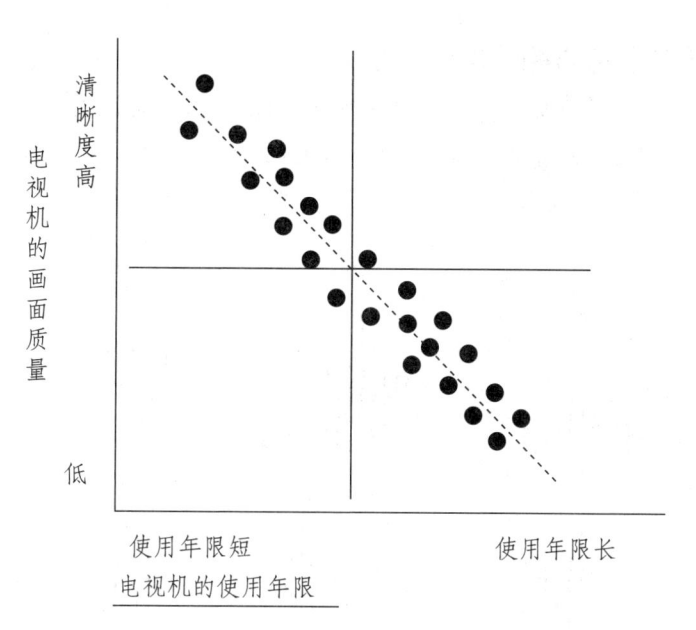

图4-8　电视机的画面质量与使用年限的散布图

五、直方图法及其应用实例

（一）直方图的定义

先对加工出来的产品进行抽样检测取得一批数据，通过对数据系统分析整理，适当分组统计，以组距为横坐标、以频数为纵坐标，以组距为底、以频数为高，在每一组组距上画出一个矩形，依此画成的图形称为直方图。画直方图的目的是用来判断生产过程的稳定性及预测不合格产品率，以便采取措施，控制产品质量。直方图是用于工序质量控制的一种质量数据的分布图形，又称质量分布图。

（二）直方图的常见类型

直方图的常见类型如图 4-9 所示，图 4-9a 为标准型，图 4-9b 为锯齿型，图 4-9c 为偏峰型，图 4-9d 为陡壁型，图 4-9e 为双峰型，图 4-9f 为孤岛型。

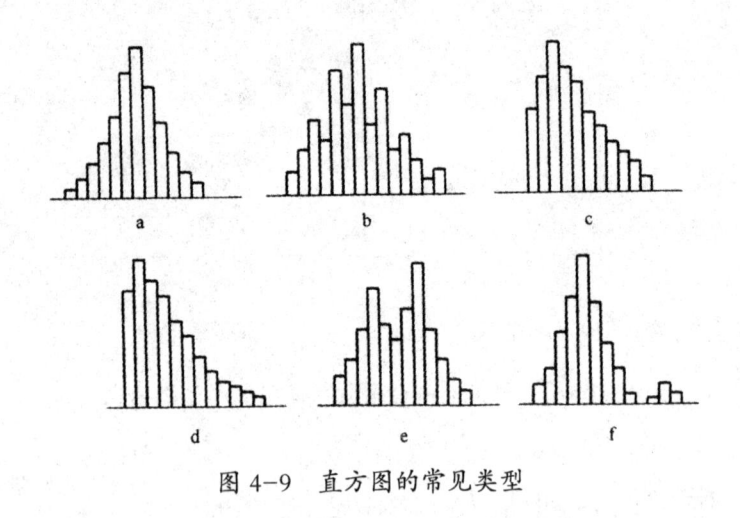

图 4-9 直方图的常见类型

1. 标准型：左右对称，这是正常情况下的形状。
2. 锯齿型：数据分组过多，或测量读数错误。
3. 偏峰型：产品尺寸由于单侧公差，对操作者心理产生影响。
4. 陡壁型：工序能力不足，进行了全数检验后的形状。
5. 双峰型：均值相差较大的两种产品混在一起。
6. 孤岛型：数据中混有另一产品的少量数据。

直方图与公差限的比较。加工零件时，有公差规定，将公差限用两条线在直方图上表示出来，并与直方图的分布进行比较。图 4-10

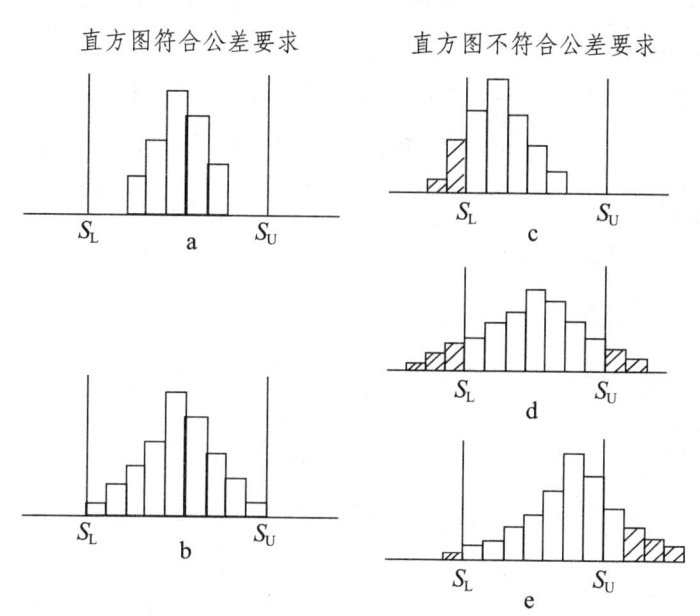

所示的是 5 种典型情况，读者可参考使用。

图 4-10 直方图与公差之间的关系

图 4-10a，现在的状况不需要调整，因为直方图充分满足公差要求。图 4-10b，直方图能满足公差要求，但不充分，这种情况下最好减少波动。图 4-10c，必须采取措施，使平均值接近公差中心。图 4-10d，要求采取措施，以减少变差（波动）。图 4-10e，既要使平均值接近公差中心，又要减少波动。

（三）直方图的作用

直方图的作用主要体现在以下几点：①测算过程能力；②计算产品的不良率；③检测分布形态；④确定规格界限；⑤与规格或标

准值比较。

(四)绘制直方图实例

某厂车床加工制作直径 10.00+0.32mm 的小轴外径。下面,我们绘制该工序加工的频率直方图。

1. 收集数据。从工序生产的零件中随机抽取 n 个样本检测(一般而言,n 取 50、100、200)。本例 n=50,测量结果见表 4-3。

表 4-3　　　　　　　　　　　　　　　　　　　　　　　数据表

测定值										min	max
35	33	28	44	18	39	27	28	33	37		
23	28	32	19	22	25	11	13	25	30		
36	22	21	21	29	24	25	18	48	34		
32	40	33	5	34	33	20	16	27	24		
35	38	26	23	28	17	33	30	20	25	$x_{min}=5$	$x_{max}=48$

2. 分组。确定组数 K,一般凭经验确定,如表 4-4 所示,本例 K=7。

表 4-4　　　　　　　　　　　　　　　　　　　数据分组经验数值

数据的数量	适当的分组数 (K)	一般使用的组数 K
50 ~ 100	6 ~ 8	
100 ~ 250	7 ~ 12	10
250 以上	10 ~ 20	

3. 确定组距 h，即组与组之间的间距。

h=（L_a-S_m）÷（K-1）

L_a是收集数据中最大值，S_m是收集数据中最小值。在本例中，h=（48-5）÷6=7.1≈7。

4. 计算第一组的上下界限值。

S_m +h÷2=5+7÷2=5+3.5

即：8.5 或 1.5。

5. 计算其余各组的上下界限值。第一组的上界限值就是第二组的下界限值。第二组的下界限值加上组距就是第二组的上界限值。其余各组依此类推。

6. 计算各组的中心值X_i。

X_i =（某组下界限值 + 某组上界限值）÷2

7. 统计各组内所含的频数f_i，整理频数分布表，如表 4-5 所示。

表 4-5　　　　　　　　　　　　　　　　　　　　　　　　　　　　頻数分布表

组号	组距	中心值 X_i	频数记录	频数 f_i	u_i	$f_i u_i$	$f_i u_i^2$
1	1.5～8.5	5		1	−3	−3	9
2	8.5～15.5	12		2	−2	−4	8
3	15.5～22.5	19	正正	11	−1	−11	11
4	22.5～29.5	26	正正正	16	0	0	0
5	29.5～36.5	33	正正正	14	1	14	14
6	36.5～43.5	40	正	4	2	8	16
7	43.5～50.5	47	丁	2	3	6	18
8	—	—		$\sum f_i = 50$		$\sum f_i u_i = 10$	$\sum f_i u_i^2 = 76$

8. 计算平均值 $\overline{X}$。

$$\overline{X} = a + h \times (\sum f_i u_i) \div \sum f_i = 36.64$$

式中 u_i 为各组简化中心值。

9. 计算标准偏差。

$$S = h \times \sqrt{\sum f u_i^2 \div \sum f_i - (\sum f_i u_i \div \sum f_i)^2} = 8.52$$

10. 画直方图。以纵坐标为频数、横坐标为组距画出一系列矩形，即为直方图，如图 4-11 所示。

图 4-11 直方图

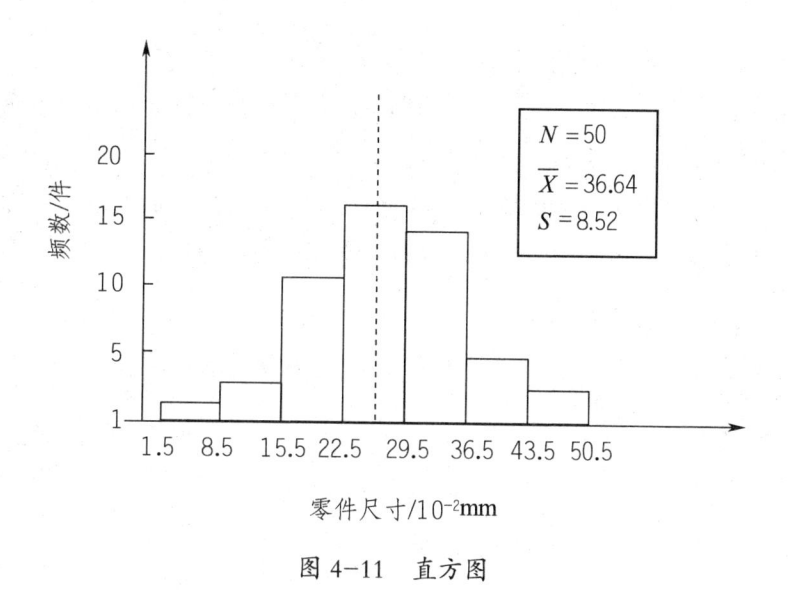

六、分层法

（一）分层法的定义

分层法又称为层别法、分类法或者分组法，它是按照影响产品质量的不同因素或按照不同的特点对我们所收集的数据进行分类，从而找出问题的原因。

（二）分层法实施步骤

1. 收集原始数据或识别需要整理的数据。
2. 确定数据的性质、范围或要求的目的。
3. 将数据分层归类。
4. 根据分层结果进行处理或改进。

（三）分层法的应用

1. 在收集数据或使用查检表时，必须先作层别才有意义，才能做进一步解析，才能获取更多情报。

2. 分层法无固定的图形，必须和其他 QC 方法（如因果图、排列图、图表、直方图等）结合使用，才能发挥巨大功效。

（四）分层法实例

表 4-6 为某厂 2017 年 12 月 8 日成品抽验不良分层表。

表4-6　某厂2017年12月8日成品抽验不良分层表

产品代号：PG—011　　本日产量：2.3万只　　日期：12月8日

时间\不良项	8:00	9:00	10:00	11:00	12:00	13:00	14:00	15:00	16:00	17:00	
弯曲	4	5	7	6	2	6	3	0	1	2	36
毛刺	5	9	7	1	3	6	8	2	7	1	49
起皱	22	11	6	8	11	5	12	15	25	19	134
划伤	13	9	11	9	12	11	6	13	11	13	108
曝漆	1	0	2	3	0	2	1	2	3	1	15
脏污	4	2	0	2	3	1	2	3	0	3	20
裂纹	0	2	1	1	2	0	1	3	1	0	11
小计	49	38	34	30	33	31	33	38	48	39	373

分层后获取的信息如下所述。①本日不良数最高的是起皱不良，计134只，其次是划伤；不良数最低的是裂纹，计11只。②本日各工作时间段中8点产生的不良数最多，计49只。

七、控制图

（一）控制图定义

控制图是指用统计方法分析产品品质数据的特性，并设置合理的控制界线，对品质变化的原因进行判断和管理，使生产处于稳定状态的一种时间序列图，也有人称为"管制图"或"管理图"。由于控制图是休哈特创立的，故也有人称之为"休哈特图"。

（二）控制图的原理

1.正态分布的重要结论。通过对正态分布各相关范围内的概率计算，得到如图4-12所示的重要结论。

①在 $\mu \pm \sigma$ 范围内的概率值为68.26%。

②在 $\mu \pm 2\sigma$ 范围内的概率值为95.45%。

③在 $\mu \pm 3\sigma$ 范围内的概率值为99.73%。

④在 $\mu \pm 4\sigma$ 范围内的概率值为99.99%。

2.控制图设计原则如图4-13所示。

① 3σ 原则，以 $\mu \pm 3\sigma$ 设计控制图的控制界线，受控概率达99.73%；同时，还体现在以 $\mu \pm 3\sigma$ 为控制界限时，是最经济的原则。

②控制图以典型分布的分布中心 μ 为控制中心线，符号为 CL（Control Limit），如采样的平均值、极差平均值。

③控制图以典型分布的 μ+3σ 为控制上限,符号为 UCL（Upper Control Limit）。

④控制图以典型分布的 μ-3σ 为控制下限,符号为 LCL（Lowel Control Limit）。

⑤在控制图中加入 μ±σ、μ±2σ4 条线,将控制图划分为 6 个区域,以利于控制图的分析。

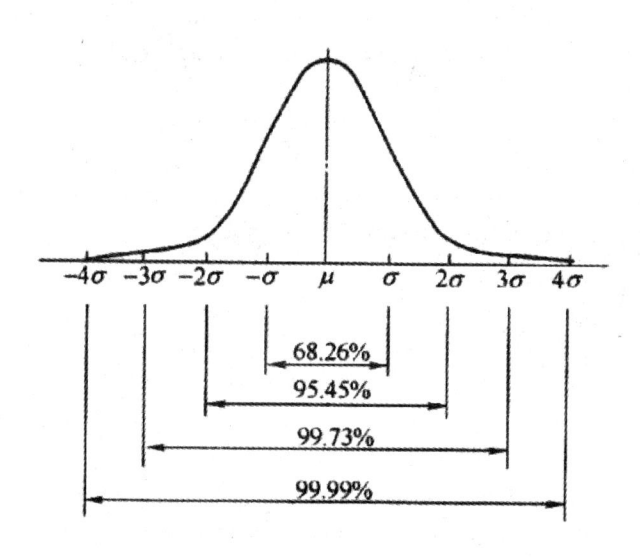

图 4-12 正态分布重要结论

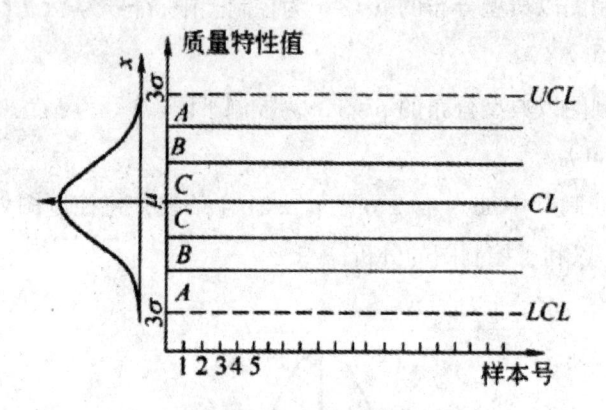

图 4-13 控制图基本图形

（三）常用的控制图种类及符号含义

1. 常用的控制图种类如表 4-7 所示。

表 4-7　　　　　　　　　　　　　　　　　　　常用的控制图的种类

数据	布分	控制图名称	代号	备注
计量值	正态分布	平均值—极差控制图	$\bar{X}-R$	适用范围广，灵敏度高。例如，用尺寸、重量、强度、纯度、收缩率等项目来管理产品品质时可用该图。
		平均值—标准偏差控制图	$\bar{X}-S$	作用于 $\bar{X}-R$ 相同，但采样数据 $n>10$ 或 12 时用 S 图代替 R 图。
		中位值—极差控制图	$\tilde{X}-R$	作用于 $\bar{X}-R$ 相同，在简便判断的状态下使用，数据直接记入控制图，但精度不甚理想。
		单值—移动极差控制图	$\bar{X}-Rs$	作用于 $\bar{X}-R$ 相同，采样数据均匀。多抽样也无太大意义，精度不甚理想。
计量值	计件值 二项分布	不合格品率控制图	P	当需要通过不良率、合格率、报废率、交货延迟率等来管理产品品质时可用该图。
		不合格品数控制图	Pn	当需要通过不良件数来管理产品品质时可用该图。
	计点值 泊松分布	缺陷数控制图	C	从预先确定的单位中统计所有不良件数，并以此来管理产品品质时可用该图。
		单位缺陷数控制图	U	从非固定的试料中统计发生的不良件数，并以此来管理产品品质时可用该图。

表4-7中的计量值是指质量特性值可以测取确定范围内的任何一个可能的数值,即数值的梯度变化可以被连续测取的数值。例如,外观判定的合格与不合格、耐压测试的通过与不通过、最终功能测试的合格与不合格,以及压力、温度、几何尺寸等数值。

表4-7中的计数值是指数值的梯度变化不能以连续方式测量,而只能以个数或百分率来表示的数值。计数值可进一步分为计件值和计点值。计件值是指产品进行按件检查时所产生的属性,如一批产品中的合格数、不良率(不合格率)等。计点值是指每件产品中品质缺陷的个数,如外观瑕疵点数、功能失效项目数等。

2.各种符号的含义如下所述。

① n:采样数量大小,也可指数据量。

② k:采样的组数。

③ X:采样的单位或单位特性值。每一个数值分别用 X_1、X_2……X_n 来表示。

④ $\overline{X}$:采样的平均值。

$$\overline{X} = \frac{X_1 + X_2 + \cdots + X_n}{n}$$

⑤ R:极差。一组采样数据中最大值与最小值的差。

⑥ $\overline{R}$:R 的平均值,也称极差平均值,计算方法同采样的平均值的计算方法类似。

⑦ P:不良率。

P = 采样中的不良数 ÷ 采样总数

⑧ P_n:不良个数采样中的不良数。

⑨ S：采样的标准偏差。标准偏差有时称标准差或称方差。

$$S=\sqrt{\frac{(X_1-\overline{X})^2+(X_2-\overline{X})^2+\cdots(X_n-\overline{X})^2}{n-1}}$$

⑩ σ：总体的标准偏差。

（四）控制图的用途

控制图可以直接控制生产过程，起到预防为主、稳定生产、保证质量的作用，其用途如下所述。

1.控制图可应用于质量诊断，评估过程（工序）的稳定性，即过程是否处于受控状态。

2.控制图可应用于质量控制，决定某一过程（工序）何时需要调整、何时需要保持原有状态。

3.控制图可应用于质量改进。控制图可以用来确认过程是否得到了改进，以及改进到何种程度。

（五）过程能力指数

1.过程能力。过程能力也叫工序能力，是指受控状态下工序的实际加工能力，用 B 表示。通常，$B=6\sigma\approx 6S$。

2.过程能力指数。过程能力指数也称工序能力指数，是指工序质量标准与工序能力的比值，也即过程结果满足质量要求的程度，用 C_P 表示。

过程能力指数的表达式为：

$$C_P=\frac{T}{B}=\frac{T_U-T_L}{6S}$$

T为公差范围,即产品设计所规定的质量标准。

T_U为公差上限。

T_L为公差下限。

3. 过程(工序)能力指数的评定及应用。过程能力指数的评定是对过程能力能够满足质量标准的程度作出判断。其目的是对过程(工序)进行预防性处置,以确保生产过程的质量水平。理想的过程能力既要满足质量要求,又要符合经济性要求。

过程能力指数评定标准见表4-8。

表4-8　　　　　　　　　　　　　　　　　过程能力指数评定标准

C_P	$C_P > 1.67$	$1.67 \geq C_P > 1.33$	$1.33 \geq C_P > 1.00$	$1.00 \geq C_P > 0.67$	$C_P \leq 0.67$
等级	特级	一级	二级	三级	四级
评价	过高	充分	尚可	不充分	不足

对于不同的过程能力状态,应在过程中采取不同的措施:对于特级($C_P>1.67$)能力,应放宽产品尺寸的范围并降低设备、工装的精度要求;对于一级($1.67 \geq C_P>1.33$)能力,应适当降低产品对原材料的要求,改全数检验为抽样检验,或减少抽样检验的频次等;对于二级($1.33 \geq C_P>1.00$)能力,必须采取控制手段对过程实施监控,以便及时发现异常波动;对于三级($1.00 \geq C_P>0.67$)能力,应该分析工序能力不足的原因,采取措施加以改进,实施全数检验或增加检验频次;对于四级($C_P \leq 0.67$)能力,一般应立即停产整顿,找出原因并采取措施、改进工艺,提高工序能力。

提高过程能力能够大幅度降低不合格品率、提高企业的产品质量等级品率、有效地减少资源浪费并提高经济效益和增加社会效益。

（六）控制图应用实例

某厂生产色拉油，采用灌装机灌装，每桶标准重量为（5000±50）g，采用 $\bar{x}$-R 制图对灌装过程进行控制。现决定每30分钟抽取样本 n（n=5），共取 25 组，记入控制图表，如表4-9所示。

表 4-9　　　　　　　　　　　　　　　　　　　　　　　　　　　控制图表

组号	x_1	x_2	x_3	x_4	x_5	$\sum x_i$	$\bar{x}$	R
1	18	31	44	28	40	161	32.2	26
2	34	25	37	19	31	146	29.2	18
3	22	37	19	47	14	139	27.8	33
4	38	59	29	29	42	197	39.4	30
5	25	36	12	28	45	146	29.2	33
6	33	38	35	40	11	157	31.4	29
7	26	33	30	15	12	116	23.2	21
8	35	12	29	48	20	144	28.8	36
9	35	20	37	27	26	145	29.0	17
10	31	40	27	12	38	148	29.6	28
11	20	35	32	47	44	178	35.6	27
12	20	31	15	3	28	97	19.4	28
13	19	11	16	11	44	101	20.2	33
14	30	38	32	37	12	149	29.9	26
15	42	34	15	29	21	141	23.2	27
16	32	18	31	7	23	111	22.2	25

续表 4-9

组号	测量值 x_1	x_2	x_3	x_4	x_5	$\sum x_i$	$\bar{x}$	R
17	37	40	0	38	41	156	31.2	41
18	38	11	44	35	32	160	32.0	33
19	47	24	20	31	35	157	31.4	27
20	23	45	26	37	32	163	32.6	22
21	25	24	42	52	52	195	39.0	28
22	22	32	25	31	24	134	26.8	10
23	22	32	47	29	41	171	34.2	25
24	54	32	27	28	22	163	32.6	32
25	19	50	40	25	24	158	32.6	31
合计							742.7 $\bar{x}$=29.708	686 $\bar{R}$

1. 经过计算，得出各项数值，画控制图并描点，如图 4-14 所示。

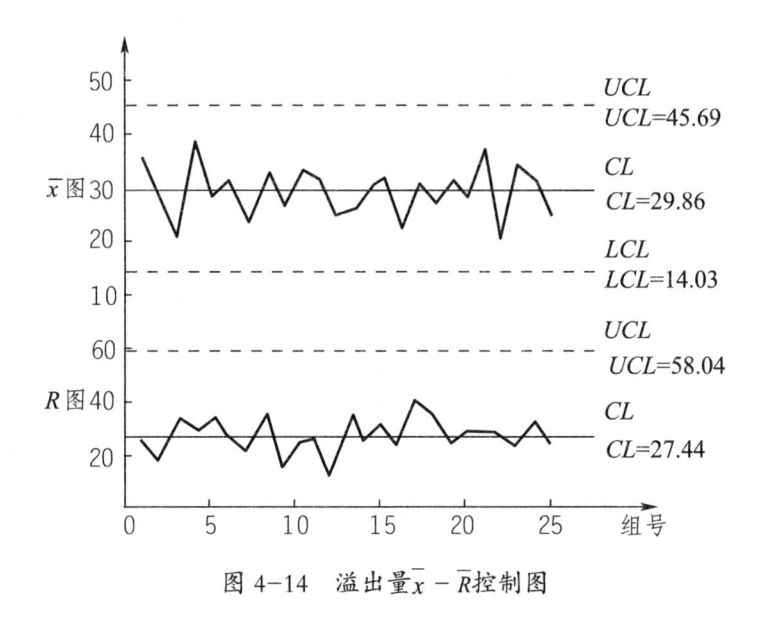

图 4-14 溢出量 $\bar{x} - \bar{R}$ 控制图

2. 对控制图进行分析判断。若判异,则需执行"查明原因,采取措施,加以消除,不再出现,并重新转入第一步收集数据"的步骤。若判稳,则转入下一步。本例中,根据判稳准则判断并无异常,可判稳。

3. 计算过程能力指数 C_P 是否充分。过程能力指数一般要求 $C_P \geq 1$。若 $C_P \geq 1$,则转入下一步。若 $C_P<1$,则需采取措施提高过程能力。本例中,经计算,$C_P=0.64<1$,故过程能力严重不足,需对灌装机进行技术改造。

第二节　零缺陷管理

一、零缺陷管理起源及其思想体系

(一) 零缺陷管理起源

20 世纪 60 年代初,被誉为"全球质量管理大师""零缺陷之父"和"伟大的管理思想家"的菲利浦·克劳斯比提出"零缺陷"思想,后形成零缺陷管理,简称 ZD,即无缺点,亦称"缺点预防"管理。零缺陷管理基于企业宗旨和目标,通过对经营各环节、生产各环节及各层面的全过程、全方位的管理,重视预防系统控制和过程控制,要求第一次就把事情做正确,保证各环节、各层面及各要素的缺陷趋向等于"零",减少废次品和返修、检验等费用,降低产品成本、保证交货日期、增强用户信用,从而增强企业的竞争能力等。最初,美国各大企业陆续推行零缺陷运动;后来,零缺陷管理思想传至日本,在日本制造业中得到了全面推广,使日本制造业的产品质量得到迅速提高,并且领先于世界水平。

（二）零缺陷管理的思想体系

零缺陷管理思想体系可以总结为"一二三四五"。

一个核心：第一次就把事情做正确，每一次都做对。

二个基本点：有用的组织（以客户为中心，结果导向），可信赖的组织（说到做到，次次做到）。

三个需要：提供满足客户需要、员工（股东）需要和供应商需要的解决之道，形成利益共同体。

四项基本原则：零缺陷管理的四项基本原则如图4-15所示。

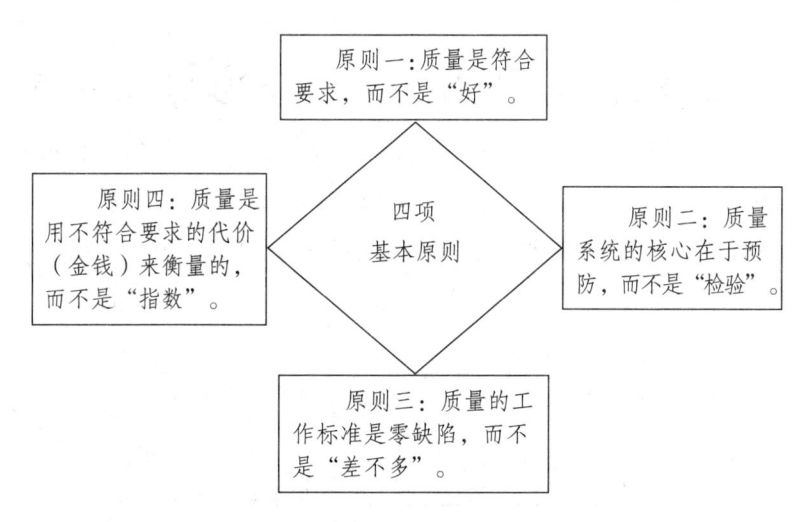

```
           ┌──────────────────┐
           │ 原则一：质量是符合 │
           │ 要求，而不是"好"。│
           └──────────────────┘
┌──────────────────┐  ◇   ┌──────────────────┐
│ 原则四：质量是    │ 四项 │ 原则二：质量     │
│ 用不符合要求的代价│ 基本 │ 系统的核心在于预 │
│（金钱）来衡量的， │ 原则 │ 防，而不是"检验"。│
│ 而不是"指数"。    │  ◇   └──────────────────┘
└──────────────────┘
           ┌──────────────────┐
           │ 原则三：质量的工  │
           │ 作标准是零缺陷，而不│
           │ 是"差不多"。      │
           └──────────────────┘
```

图4-15　零缺陷管理的四项基本原则

五种卓越工作结果：零缺陷管理的五种卓越工作结果如图4-16所示。

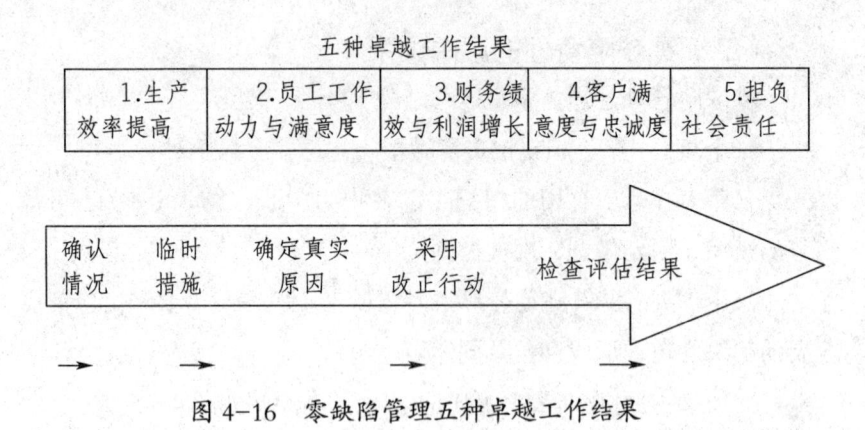

五种卓越工作结果

| 1.生产效率提高 | 2.员工工作动力与满意度 | 3.财务绩效与利润增长 | 4.客户满意度与忠诚度 | 5.担负社会责任 |

确认情况 → 临时措施 → 确定真实原因 → 采用改正行动 → 检查评估结果

图 4-16 零缺陷管理五种卓越工作结果

二、零缺陷与 MQM、JIT、ISO9000 的关系

图 4-17 所示为零缺陷与 MQM、精益生产方式 JIT、ISO9000 的关系及其内容，即底层是 ISO9000 族质量保证体系，第二层是 MQM（现代品质管理体系），第三层是零缺陷管理，顶层是精益生产方式 JIT。

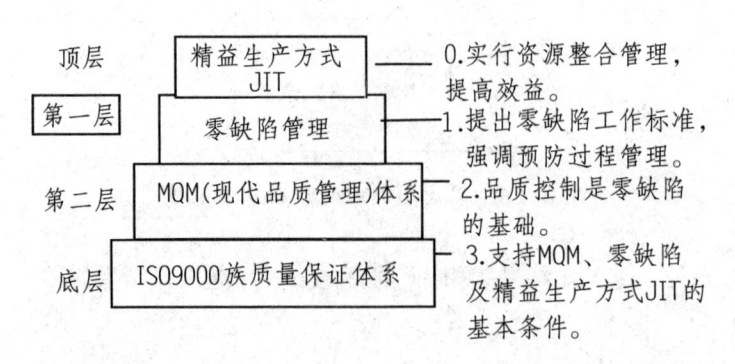

顶层：精益生产方式 JIT —— 0.实行资源整合管理，提高效益。
第一层：零缺陷管理 —— 1.提出零缺陷工作标准，强调预防过程管理。
第二层：MQM（现代品质管理）体系 —— 2.品质控制是零缺陷的基础。
底层：ISO9000 族质量保证体系 —— 3.支持 MQM、零缺陷及精益生产方式 JIT 的基本条件。

图 4-17 零缺陷与 MQM、JIT、ISO9000 的关系

第四章　班组质量管理工具与方法

三、零缺陷管理的实施步骤

把零缺陷管理的哲学观念贯彻到企业中，使每一个员工都能掌握它的实质，积极地向上级提出建议，就必须有准备、有计划地付诸实施。实施零缺陷管理可采用以下所述步骤进行。

（一）建立推行零缺陷管理的组织

在企业内建立好推行零缺陷管理的组织，任命相应的领导人，建立相应的制度。公司的最高管理者要亲自参加推行零缺陷管理，可以动员和组织全体员工积极地投入零缺点管理，提高他们参与管理的自觉性。图4-18所示为零缺陷管理的组织结构为管理层、执行层和操作层的3个层次及其策略。

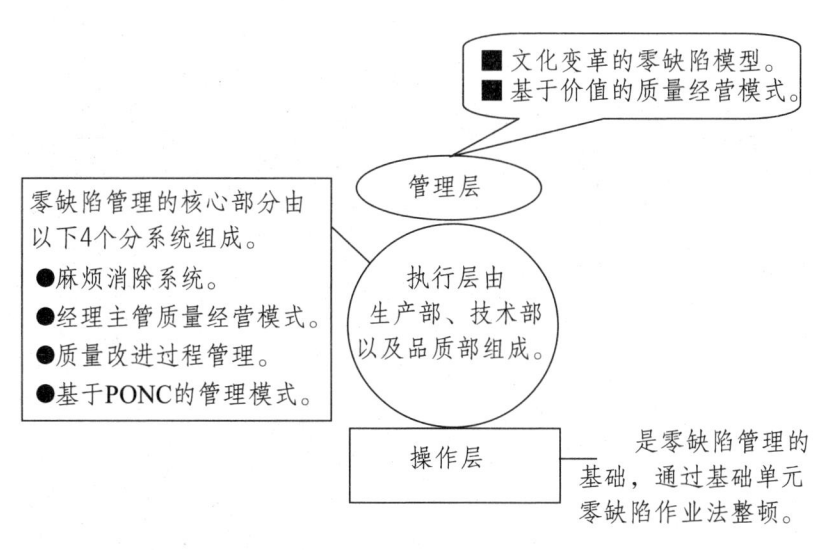

■文化变革的零缺陷模型。
■基于价值的质量经营模式。

管理层

零缺陷管理的核心部分由以下4个分系统组成。
●麻烦消除系统。
●经理主管质量经营模式。
●质量改进过程管理。
●基于PONC的管理模式。

执行层由生产部、技术部以及品质部组成。

操作层　　是零缺陷管理的基础，通过基础单元零缺陷作业法整顿。

图4-18　零缺陷管理的组织结构及其策略

（二）确定零缺陷管理的目标和标准

确定零缺陷小组（或个人）在一定时期内所要达到的项目目标、评价标准和目标值，并及时公布小组完成目标的进展情况。

零缺陷标准是一种质量管理标准。管理人员或作业人员应坚持第一次做对，不让缺陷发生或流至下道环节或其他岗位，以减少处理缺陷和失误造成的成本，大幅提高工作质量和工作效率。表4-10为零缺陷抽样标准范例。

表 4-10　零缺陷抽样标准（部分）

公司		文件编号					编制			审核				批准		
批数	AQL															
	0.01	0.02	0.03	0.04	0.07	0.1	0.15	0.25	0.4	0.65	1	1.5	2.5	4	6.5	10
	抽样数															
2-8	※	※	※	※	※	※	※	※	※	※	※	※	5	3	2	2
9-15	※	※	※	※	※	※	※	※	※	※	13	8	5	3	2	2
16-25	※	※	※	※	※	※	※	※	※	20	13	8	5	3	2	2
26-50	※	※	※	※	※	※	※	※	32	20	13	8	5	5	5	3
51-90	※	※	※	※	※	※	※	50	32	20	13	8	7	6	5	4
91-150	※	※	※	※	※	※	125	50	32	20	13	12	11	7	6	5
……	——	——	——	——	——	——	——	——	——	——	——	——	——	——	——	——

※表示该批全部抽样。

更改码	实施日期	更改条款及内容简述
A0	2004.8.25	发布

(三)建立零缺陷管理系统

建立零缺陷管理系统,对质量管理、质量教育、质量成本、质量评估等方面实施系统化管理。

(四)绩效评价

绩效评价小组通过定期检查零缺陷管理的流程、产品质量评估及操作流程来检查产品的质量,综合评定零缺陷管理的实施效果,进而确定目标是否达到。

(五)及时反馈总结

零缺陷管理可通过PDCA循环来完善。例如,设备、工具、图纸等问题,可以重新分析原因,采取相应的预防措施,也可附上与此有关的改进方案及有效措施,将其纳入标准。

四、某轿车厂的零缺陷管理实践与成效

(一)概述

某轿车厂开展零缺陷管理实践,用3个月的时间对班组长以上的员工开展了"工作质量零缺陷"和PONC值的统计培训,把"第一次就把事情做对"的理念贯彻到工作中。从一开始,该轿车厂制订了PONC值计算表,并开发出了自己的PONC值数据库,使全厂员工人人知道和计算PONC值。表4-11为焊装车间废品PONC值计算表。

经过3年的努力,该轿车厂通过"停台、返修、废品"3个方面PONC值的统计,已把单车PONC值从316元降到了125元。

表 4-11　　　　　　　　　　　　焊装车间废品 PONC 值计算表

焊装车间废品 PONC 值计算表		
报废零件名称及零件号	左前门总成 1GD831051	问题描述
报废零件单价	367.50	
报废零件数量	3	
处理报废件工时（人时）	0.1	
每小时人工费用（元/小时）	23	
单车利润	0	
影响产量	0	
废品 PONC 值	1104.80	

注：1. PONC 是指由于质量缺陷大而造成的人、财、物浪费的金钱价值。
2. PONC 的构成包括因赶工、临时服务、电脑重复运行、存货过多、处理用户投诉、停机事件、返工、退货等因素浪费的金钱价值。
3. 废品 PONC 值＝报废零件单价 × 报废数量 + 每小时人工费 × 处理废品需要的时间（隔离 + 标示 + 鉴定 + 填单 + 破坏 + 清运 + 废品输入计算机统计分析）+ 单车利润 × 影响产量。

（二）PONC 值的特点及成果

该轿车厂 PONC 值的特点及成果如图 4-19 所示。

卓越班组长工作手册：实用工具与方法

PONC值的特点及成果

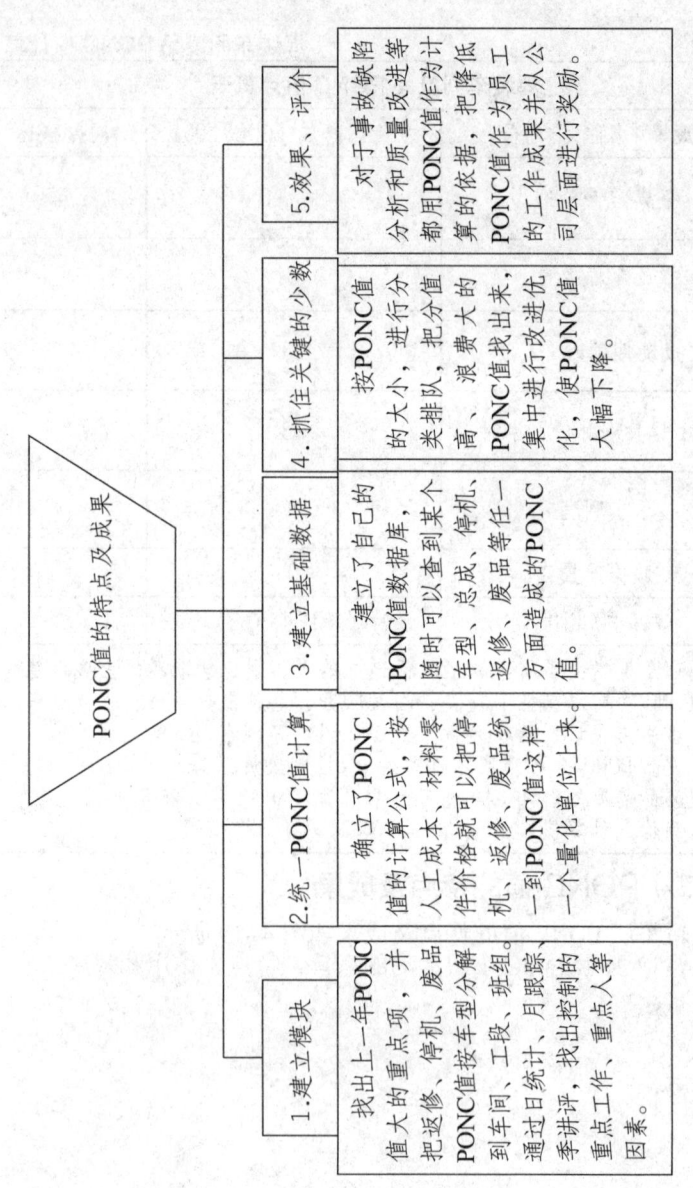

1. 建立模块
找出上一年PONC值大的重点项，并把返修、停机、废品PONC值按车型分解到车间、工段、班组，通过日统计、月跟踪、季讲评，找出控制的重点工作、重点人等因素。

2. 统一PONC值计算
确立了PONC值的计算公式，按人工成本、材料零件价格就可以把停机、返修、废品统一到PONC值这样一个量化单位上来。

3. 建立基础数据
建立了自己的PONC值数据库，随时可以查到某个车型、总成、停机、返修、废品等任一方面造成的PONC值。

4. 抓住关键的少数
按PONC值的大小，进行分类排队，把分值高、浪费大的PONC值找出来，集中进行改进优化，使PONC值大幅下降。

5. 效果、评价
对于事故缺陷分析和质量改进等都用PONC值作为计算的依据，把降低PONC值作为员工的工作成果并从公司层面进行奖励。

图 4-19 某桥车厂PONC值的特点及成果

第三节　QC 小组活动

QC 小组是指企业员工围绕企业的经营目标、生产存在的问题，以改进质量、降低消耗和提高人的素质和经济效益为目的组织起来的企业内部组织。QC 小组是运用质量管理的理论和方法开展活动的小组。QC 小组的团队成员围绕符合企业的发展战略要求或者针对班组的薄弱环节（如降本增效、提高质量及改善顾客满意度、提升服务响应速度等）运用一系列分析改善工具对问题现状进行改善分析，找出改善措施，最后取得一定的活动成果，因而效果更加明显。

一、QC 小组活动的宗旨、特点、作用和效果

表 4-12 所示为 QC 小组活动的宗旨、特点、作用和效果。

表 4-12　　　　　　　　QC 小组活动的宗旨、特点、作用和效果

QC 小组活动	具体内容
QC 小组活动的宗旨	①提高员工素质，激发员工的积极性和创造性。 ②改进产品质量、降低消耗，提高经济效益。 ③创造文明的、心情舒畅的生产氛围。
QC 小组活动主要特点	①明显的自主性。 ②广泛的群众性。 ③高度的民主性。 ④严密的科学性。
QC 小组活动的作用	①QC 小组充分尊重了人的主观能动性，有利于发挥人的潜能并提高人的素质。 ②QC 小组有利于实现全员参与管理，提高员工的分析和解决问题的能力。 ③QC 小组有利于改善人和人之间的关系，增强团队合作精神。 ④QC 小组有利于改善和加强管理工作，提高管理水平。 ⑤QC 小组有利于预防质量问题并改进产品质量。
QC 小组活动的效果	①增强质量意识，解决质量问题，提高质量水平。 ②提高效率，提升员工的技能，减少浪费、降低成本。 ③改进工作态度，增强员工的工作满足感。 ④提高士气，加强上下级沟通，加强员工的团结，改善人际关系。 ⑤发掘人才，增强员工归属感，降低员工流失率。 ⑥创造更新的企业文化，活跃员工的文化生活。

二、QC 小组活动的实施步骤

QC 小组是企业内进行质量改进的组织。QC 小组是企业员工参与全面质量管理的重要方法,是建立质量保证体系的重要手段之一。图 4-20 所示为 QC 小组活动的实施步骤。

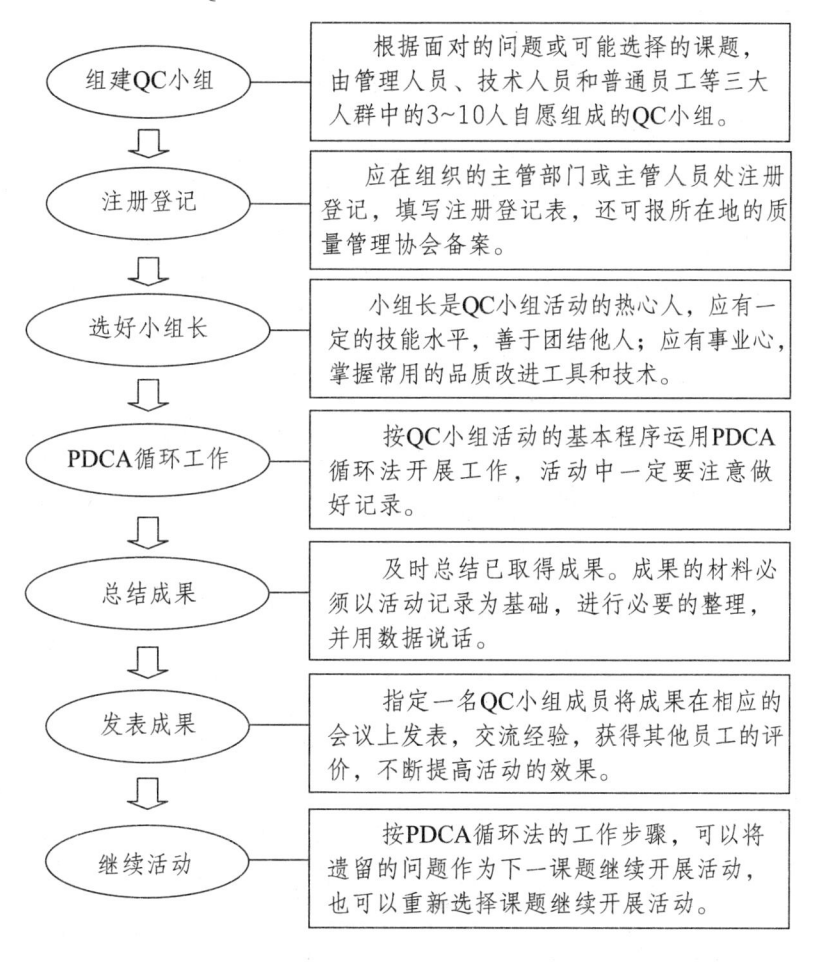

```
组建QC小组 —— 根据面对的问题或可能选择的课题,由管理人员、技术人员和普通员工等三大人群中的3~10人自愿组成的QC小组。
    ↓
注册登记 —— 应在组织的主管部门或主管人员处注册登记,填写注册登记表,还可报所在地的质量管理协会备案。
    ↓
选好小组长 —— 小组长是QC小组活动的热心人,应有一定的技能水平,善于团结他人;应有事业心,掌握常用的品质改进工具和技术。
    ↓
PDCA循环工作 —— 按QC小组活动的基本程序运用PDCA循环法开展工作,活动中一定要注意做好记录。
    ↓
总结成果 —— 及时总结已取得成果。成果的材料必须以活动记录为基础,进行必要的整理,并用数据说话。
    ↓
发表成果 —— 指定一名QC小组成员将成果在相应的会议上发表,交流经验,获得其他员工的评价,不断提高活动的效果。
    ↓
继续活动 —— 按PDCA循环法的工作步骤,可以将遗留的问题作为下一课题继续开展活动,也可以重新选择课题继续开展活动。
```

图 4-20　QC 小组活动的实施步骤

三、开展 QC 小组活动的注意事项

企业在开展 QC 小组时应注意以下 5 方面的事项。

1. 最高管理层全力支持 QC 小组活动。企业从基层管理者到最高管理者要经常参与 QC 小组活动，推进建设质量改进的环境，还要亲自上台发表意见或讲课。

2. 组织管理 QC 小组活动。企业应指定一个部门或人员负责 QC 小组活动的管理工作，通过示范、鼓励、支持及激励等手段来吸引员工参与，激发员工自觉参与 QC 小组活动的积极性。

3. 相应的培训要到位。为了提高 QC 小组活动的业绩，对参与的员工应当进行培训，培训的内容除 QC 小组和质量改进的基本知识外，至少应包括一些常用的质量改进工作内容等。

4. QC 小组活动课题应结合实际。选择活动课题时应优先选容易完成的、工作和生产中迫切需要解决的问题。对取得的成果要实事求是地评价，要更看重评价过程。

5. 奖励取得的成果。QC 小组活动结束后，要及时总结经验，发表成果，给予奖励。奖励主要是精神方面的，但也要有物质内容，应由企业的最高管理者颁发奖项。

四、QC 小组活动实例："创新型"课题

（一）选择课题

选择课题这一步对于"创新型"课题来说是很重要的。课题必须落在开发、研制什么新产品、新服务项目、新业务、新方法等方面，而不是什么指标水平的提高与降低方面。例如，某涂料工厂要开发新型

涂料混合机，涂料混合机是涂料业中最重要的设备之一，它是通过电子计算机把各种颜色的油漆或者涂料混合起来的一种机械设备。涂料混合机这种设备看似简单，但真正要实现涂料混合高效率、生产出高质量的涂料，显然老式涂料混合机不能胜任，如果从国外进口庞大的设备将花费昂贵的费用。为了突破现有产品（服务）、业务、方法的局限，实现创新，某涂料工厂成立由技改部门技术人员、生产部门操作人员等人员组成QC小组，发动QC小组全体成员集思广益，对大家提出的各种想法和意见加以整理，从不同角度形成一些可供选择的方案。

（二）评价各个方案

整理形成的几个可供选择的方案，按照一定的标准进行综合分析、评价，选出小组成员共同认可的方案。例如，某涂料工厂QC小组围绕新型涂料混合机课题，成员们提出了5个可供选择的方案，如图4-21所示。如何比较其优劣并确定最优方案呢？下面，我们就来一项一项地展开阐述。

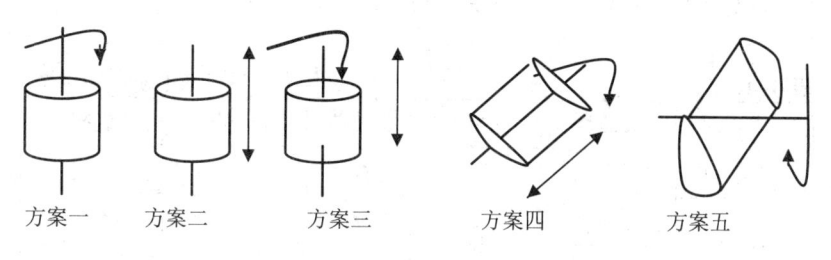

图4-21 5个可供选择的方案

方案一：只机器本身旋转，结构很简单，造价很低。但是，这种装置的缺点是混合涂料花费的时间长，效率太低了。

方案二：机器可以上下振动，结构也简单，造价一般。但是，这个方案也有个毛病：混合效果一般。

方案三：机器本身能转动，也能上下振动。但是，这个方案中的机器结构复杂。

方案四：斜着转。其好处是：涂料受重力影响要向下流，但转的过程中又有离心力使它往上甩，进而使涂料混合。

方案五：对角线转，涂料的混合过程很简单。而且，这种设计方案很快就可以混合好涂料，是一种更为巧妙的方法。

在大家讨论分析的基础上，QC小组每一位小组成员对每个方案分别从技术的有效性（含难易程度）、经济合理性（含需投资多少钱）、预期效率等方面进行评价，即根据自己的认识和理解给每个方案按各项标准分别打分。然后，再将这些分值乘以各项标准的权数并相加，从而得出每人对每个方案的评价权数，得到小组总体对每个方案的综合评价值，对这些方案逐个进行综合分析论证。表4-13为最佳方案评定表（缺点列举法）。

表4-13　　　　　　　　　　　　　　最佳方案评定表（缺点列举法）

方案	有效性	效率	经济性	计分	选择
方案一	○	△	●	9	不选
方案二	○	△	●	9	不选
方案三	○	○	○	9	不选
方案四	○	△	●	7	不选
方案五	●	●	○	13	选择

注：●表示5分○表示3分△表示1分。

（三）选出最佳方案

对各方案的综合评价值进行比较，选出分值最高的方案作为最佳方案。显而易见，第五个方案是最佳方案。按照这个方案，使用一个转轴，再加上电动机、变速箱带着它转；再加上一个卡紧装置用手摇压住，一个新型涂料混合机就跃然纸上了。

第四节　现场问题解决 8D 法

一、概述

1987年，福特汽车公司的动力系统部门正被一些经年累月、反复出现的生产问题搞得焦头烂额。为此，其管理层提请福特集团提供 8D 问题求解法，以帮助解决难题。福特汽车公司用书面记录下 8D 问题求解法（8D Problem Solving），这一方法被命名为"团队导向的问题解决法"。这一全球化品质管制及改善的特殊必备方法，之后已成为 QS9000/ISOTS16949、福特公司的特殊要求。

8D 法通过建立一个体系跨部门建立团队或小组，针对出现的问题找出问题产生的根本原因，提出短期、中期和长期对策并采取相应行动措施，杜绝或尽量减少相同或类似问题的再发生，努力达成目标。8D 法适用于解决各类可能遇到的简单或复杂的问题，特别适用于对不合格产品问题的解决及面对顾客投诉、反复频发问题以及需要团队作业问题的解决。8D 法现已成为国际汽车行业（特别是汽车零部件厂家）广泛采用解决产品质量问题最好的、有效的方法。

二、8D 法实施步骤

图 4-22 所示为 8D 法的实施步骤。

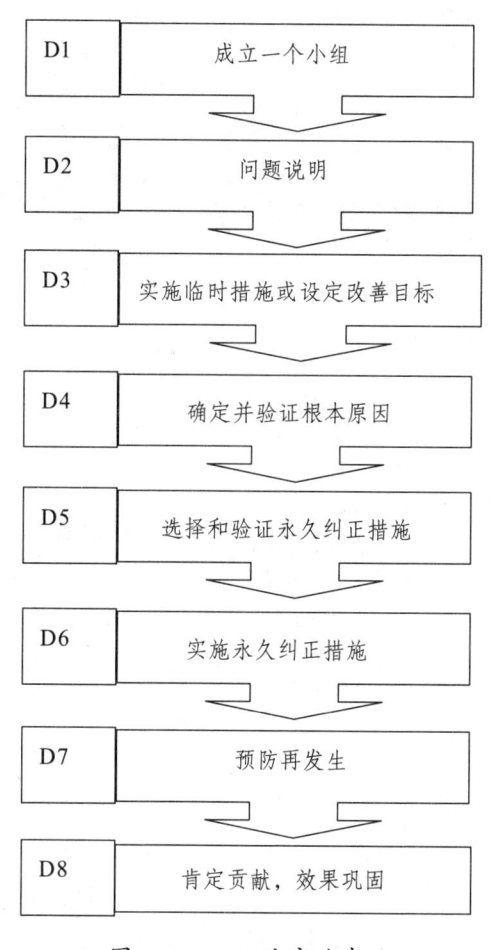

- D1 成立一个小组
- D2 问题说明
- D3 实施临时措施或设定改善目标
- D4 确定并验证根本原因
- D5 选择和验证永久纠正措施
- D6 实施永久纠正措施
- D7 预防再发生
- D8 肯定贡献，效果巩固

图 4-22　8D 法实施步骤

三、8D 法具体内容和方法

表 4-14 所示为 8D 法的具体内容和方法。

第四章 班组质量管理工具与方法

表4-14 8D法具体内容和方法

8D步骤	具体内容和方法	实施关键点
D1	由议题之相关人员组成，通常是跨部门的人员。说明团队成员之间彼此分工的责任与角色。	成员资格、目标、分工、程序、小组建设。
D2	将问题尽可能量化而清楚地表达，长期的问题只是眼前的问题，并不能解决中的具体方法为排列图法、流程图法、因果图法等。	收集和组织所有有关数据以说明问题。审核现有数据，识别问题问题。
D3	设定改善目标，或者执行临时性的围堵措施，并立即开展行动，避免问题扩大或待续恶化。解决问题的具体方法为排列图法、控制图法等。	评价紧急响应措施，找出和选择最佳临时抑制措施，实施措施并做好记录，验证措施。
D4	把问题的描述和收集到的资料进行比较分析，识别可能的原因，以找出最可能的原因。可用5W1H法、控制图法等确定真因。	评估可能原因列表中的每一个原因：原因可否使问题排除，验证。
D5	拟订改善计划，列出可能的解决方案，选定与验证改善对策，可使用因果图法分析。	选择最佳措施，管理层承诺执行措施久纠正措施。
D6	执行永久性的纠正措施并记录其长期效果，具体方法为防错法、统计控制法等。	执行永久纠正措施，废除临时措施。利用故障性的可测量性确认故障已经排除。
D7	避免此问题及类似问题的再发生后续行动方案，如人员教育训练、改善案例分享、作业标准化等。	选择预防措施，验证其有效性；决策，组织、人员、设备及环境、材料、文件重新确定。
D8	问题已改善，肯定改善小组的努力并规划未来改善方向。	有选择保留重要文件；将心得形成文件：对解决问题做出的贡献实施达要的物质、精神奖励。

221

四、8D 法解决瓶盖冲压质量不良

某公司是一个专业生产瓶盖的企业，该公司冲压车间冲压工序的要求非常严格，为了满足顾客对产品的要求，开始实施 8D 法活动。

D1：由公司生产部、质量部、工艺部、冲压车间冲压班组相关人员组成改善小组。

D2：现状把握。

1. 近期，冲压车间发现瓶盖不良只数上升，如图 4-23 所示。

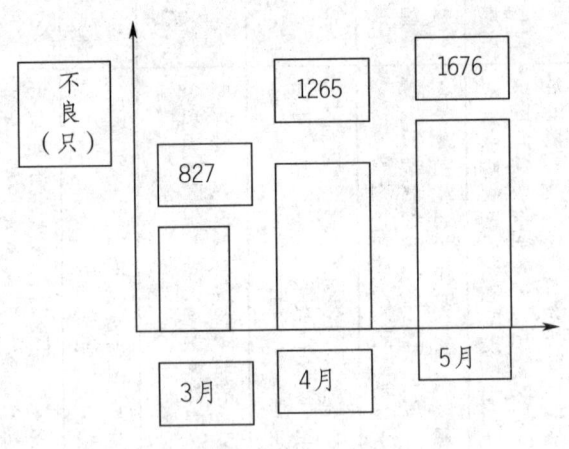

图 4-23　瓶盖不良统计图

2. 因瓶盖不良，造成组装线多次停线，停线时间统计见图 4-24。而且，瓶盖不良后不修复，报废金额大（0.26 元/只）。

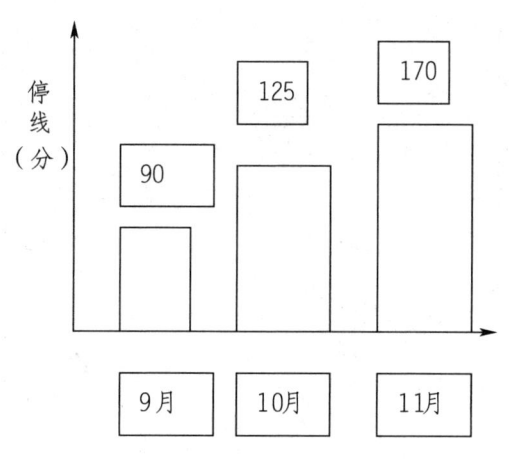

图 4-24　停线时间统计图

D3：设定改善目标。每月的瓶盖不良品降低到 300 只以内。

D4：要因解析。

1. 不良现象的分析见图 4-25。

起皱、擦伤占不良数的 90% 以上，作为本次改善的着眼点。

2. 要因解析过程见图 4-26。

通过对影响瓶盖品质变异的要因逐一分析，发现模具的零件有缺陷及模具内有垃圾。所以，该公司将把这两方面的原因作为分析的重点。

图 4-25　不良现象分析图

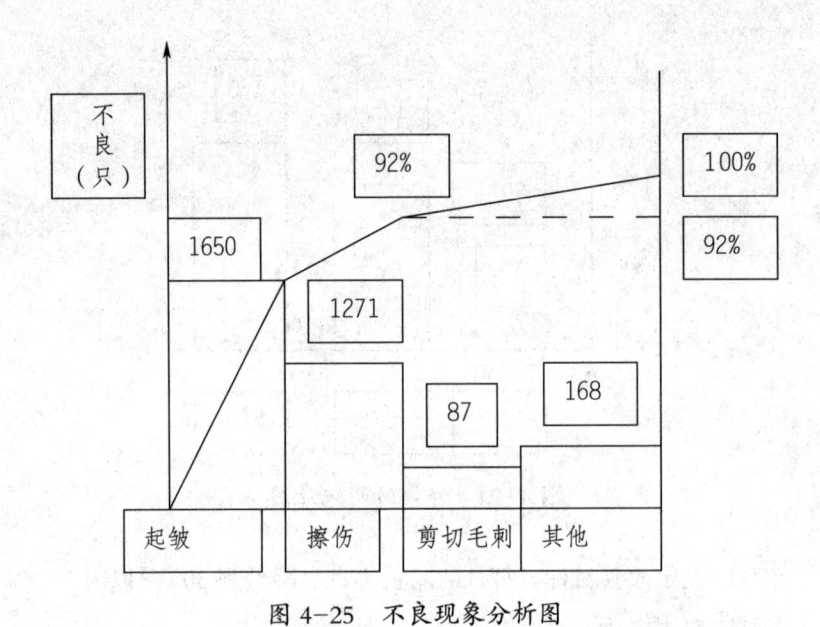

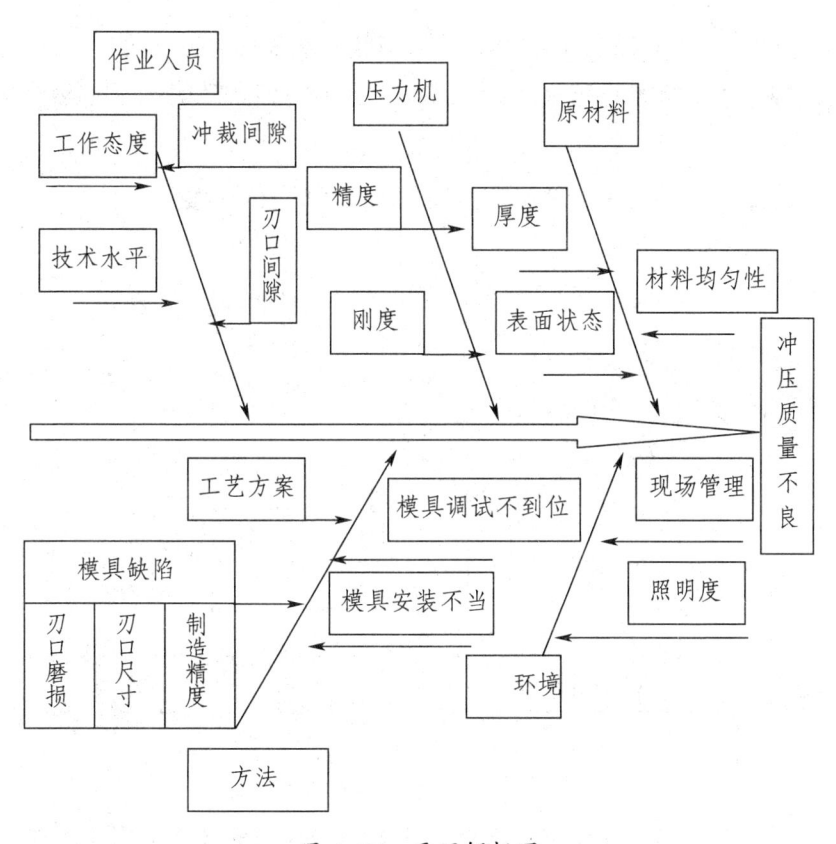

图 4-26 要因解析图

D5：研讨对策。

1.按照模具图纸要求加工好模芯零件（油圆角），再正确安装、调试。

2.冲压部全面实施消除模具脏污行动，消灭隐患，确保长期的产品品质稳定。

D6：计划实施。由冲压部主管直接负责模具清污行动，3日内完成清扫，并教育相关人员。机加部按照模具图纸要求加工好模具零部件。

D7：效果确认。图4-27所示为改善后的效果示意图。

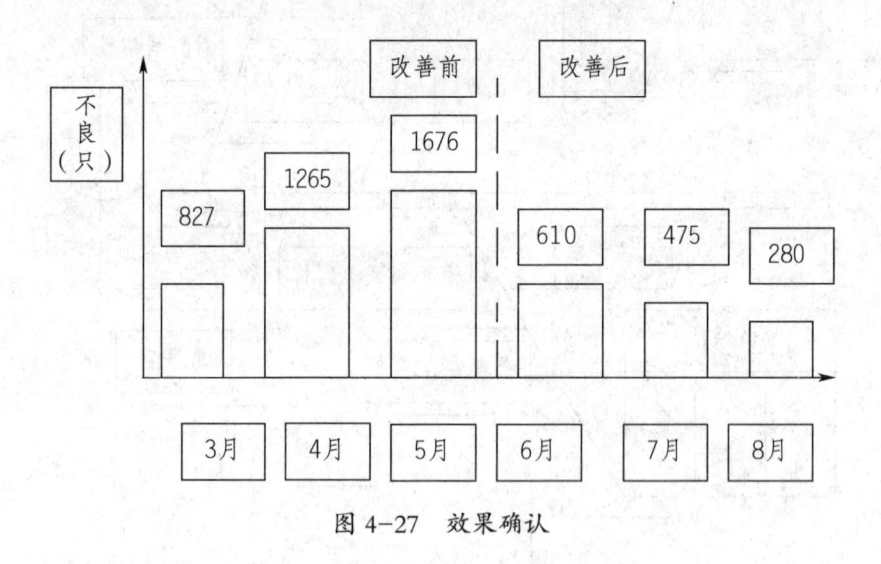

图4-27 效果确认

有形效果：每月减少因材料损失和停线损失造成的经济损失6850元。

无形效果：员工的改善意识和技能有所增强。

D8：效果巩固——作业标准化，如表4-15所示。

表 4–15　　　　　　　　　　　　　　　　　　　　　模具点检记录表

序号	点检项目	周期			点检记录						
		日	周	月	1	2	3	4	5	6	……
	模具点检记录表										
1	确定所有模芯零件是合格零件	√									
2	按标准组装冲压模具	√									
3	确定定位孔无灰尘	√									

第五节 防错法

一、防错法概述

（一）防错法的定义

防错法，日文称POKAYOKE，又称愚巧法、防呆法，是由丰田公司的顾问、日本能率协会的新乡重夫利用被称作POKAYOKE的设备创立的一套质量管理方法。防错法能够防止人为错误导致的不良产品的发生、流出和防止设备的破损以及故障的发生，是一种在作业过程中采用自动作用的报警、标示、分辨手段。

（二）防错法的作用

通过应用防错法，可以强化操作的程序和顺序。当错误发生或产生缺陷时，它可以通过发信号停止生产过程，消除产生不正确行为的原因；防止产品或机器的损坏；防止人员受到伤害；消除不经意的错误。

防错法的作用主要表现在如下几个方面。

1. 消除了工人作业困难的作业，防止失误的发生，消除缺陷，可做到"第一次就把事情做好"。

2. 结合防错设施，以便机器设备能够从差错一开始就能被检测和识别并自动停机，防止次品流入下一道工序。

3. 可以保证"因人为疏忽或者外行人来做也不会出错"，实现制程自动化，提高生产效率与产品质量。

4. 逐步消除质量检验，消除返工与检查而引起的浪费。在组装生产线，运用防错程序以便于开展纠错行动：差错刚产生时就能识别，减少物料浪费和停机时间。

5. 尊重工人的智能，取代依靠人的记忆、经验的重复工作或行为，将操作人员的时间和精力解放出来，以从事更具创造性和附加价值高的活动。

6. 能够防止操作人员因为失误或其他原因而引起损伤及安全事故，消除作业危险，为有效而有序地生产提供安全保障。

（三）防错法的应用范围

在现代企业的生产活动中，防错法的应用非常广泛，其在品质改善及管理过程中，主要应用于以下8个方面。

1. 疏忽或遗忘。

2. 对生产过程或作业不熟悉。由于不熟悉作业过程或步骤，员工作业产生失误的情况在所难免，如让一个刚刚经过培训的新手开始一道其不熟悉的工序。

3. 识别错误。

4. 缺乏工作经验。由于缺乏工作经验，员工很容易产生失误，比如让一个从未在企业中工作过的人进行制造过程管理，就比较容易产生错误。

5. 故意失误。操作人员的故意失误，如操作人员为了发泄其对领导的不满而故意进行错误的操作。

6. 行动迟缓。由于操作人员判断或决策能力过慢而导致的失误。

7. 缺乏适当的作业指导。由于缺乏作业指导或作业指导不当，发生失误的概率相当高。

8. 突发事件。由于突发事件而导致操作人员措手不及，从而引发失误。

二、错误类型

当生产过程不合适或缺少所必需的任何条件，就会出现错误并偏离预期的目标。由于所有缺陷均由错误产生，我们必须十分重视错误的产生。一般而言，产生的错误有三大类，即人为差错、方法差错和设备差错。

人为差错就是操作人员实际完成的职能与该工作所要求完成的职能之间的偏差，它占了错误总量的 77.8%。

人为差错主要包括以下五种情况：①未执行分配给其的职能；②执行了未被赋予的分外职能；③错误地执行了分配给其的职能；④按错误的程序或在错误的时间执行了职能；⑤执行职能不全面。

三、防错的方法和防错装置

（一）防错的方法

为了保证 100% 的合格产品，必须花时间去识别错误何时和为何发生，这时，防错就是最有效的手段。防错的对象是人和设备。防错的手段要在设计、生产技术、硬件和软件、员工自制等方面予以考虑。在设置防错装置时要充分检查，设置后还需必要的维护和跟踪，以达到几乎所有错误都可以避免。

具体的防错方法如表 4–16 所示。

表 4–16　　　　　　　　　　　　　　　　　　　　　　具体防错的方法

防错方法类型	防错方法内容	实例
保险防错法	需要两个或以上的动作共同或依序执行才能完成工作，以避免错误之发生。	台式冲压机为预防操作人员不小心手被夹伤，采用双联串联式按钮，只有两个按钮同时按下，冲压机才会工作。
自动化防错法	以各种光学、电学、力学、机构学、化学等原理来限制某些动作的执行或不执行，以避免错误发生。	限位开关和电眼就可以分别探测物体横向和前后的位置。如果产品没被放置在正确位置的话，托盘向升降机方向的移动停止，蜂鸣器就鸣叫催促作业人员注意。
顺序防错法	为了避免工作顺序或流程前后倒置，可依编号顺序排列，从而减少或避免错误的发生。	在组装形状相似的零件时，有时会出现顺序错乱情况，这时用光电感应器与零件配套供料，确认配件按顺序排列后组装，确保遗漏为零。

续表 4-16

防错方法类型	防错方法内容	实例
警告防错法	当有不正常的现象发生时，能以声、光或其他方式显示出各种"警告"的信号，以避免错误的发生。	安全带没系好，警告灯就亮了。在组装过程中遗忘了某些部件，警告灯提醒。
隔离防错法	依靠分隔不同区域的方式来达到保护某些地区使其不能造成危险或发生错误。	独立设立的危险品仓库。电动圆锯有一套保护锯片套，以防止锯到手。
层别防错法	为避免将不同的工作做错，可采取将不同工作区别出来的方法。	颜色在视觉识别中最为明显。例如，人类的共同认识是以绿色表示"安全"或"良好"，以黄色表示"警示、注意"，以红色表示"危险"或"不良品"。
尺寸防错法	对长、宽、高及厚度、直径等的尺寸标准差异的判断和不良检测。	在产品加工时，设置了导向套滑道让零件全部流过；设置防呆防错板，使尺寸不良（直径过大或过小）的产品不能通过防呆防错板。
重量防错法	设定产品的重量基准，不符合重量基准的为不良品。	在秤上设置区域传感器，秤的刻度"OK"（开区域）、"NO"（关区域）都用颜色示意出来。
止动桥防错法	用一根木条状物品横跨在流水线的适当位置，形成一个"桥"，当有产品流下来时，可以挡住它。该工位只能由人拿起产品，等完成作业后才能再流下去。	通常适合于细小产品的流水线作业，尤其是那些不能明显区别操作结果的工位。例如，电子电器产品生产的调试、目检等工位，防止工作人员因忙乱、疏忽、失误等情况而形成漏作业。

续表 4-16

防错方法类型	防错方法内容	实例
联合动作防错法	通过联合动作的防错设计来解决操作者作业和设备作业联合动作中由于作业步骤不能顺利完成而造成的停机问题。	在焊接工序中同时进行的有焊接拧紧复合作业，有时会忘掉某一个工序。采用在夹具固定好后一段时间内继电器启动，该时间段内没有上完螺母的话，信号灯响；同时，焊机的联微装置自动停止焊接。
放大字体标识防错法	有些比较细小部件的标识文字不易看清楚，常常发生错误。	电子工厂作业中的集成电路(IC)、三极管(TR)、微件(CHIP)等，这些部件的印字很小，看时十分费力，可在工位上设置一块放大字迹的牌子，并备有放大镜随时确认。
放置体位防错法	利用产品不同的放置体位（包括方向）来表示某种状态，以便工作人员在操作时能够区别，防止遗漏或拿错。	调试作业过程中，调试作业前后产品不同的放置体位(方向)。
危险地带标志防错法	危险地带泛指现场的那些存在安全隐患或容易导致员工受到伤害的区域，必须设置地沟标志，其方法为设置警戒线及加装防护栏杆、沟盖等。	主要适合于厂区内的各种地沟、井、坑等。例如，某客户参观工厂时绊倒在地沟中，为了防止这类意外事件出现，工厂需要设立地沟标志等。
操作细节防错法	在流水线作业中，一个产品的多个工序生产中有可能损伤产品的外观部分，导致不良品产生。具体操作中，可在产品外部设置保护性的"外套"。	可在作业过程中从始至终用薄膜覆盖显示器，以免划伤显示器。用粘贴皱纹胶纸的方法把产品易损伤的部位自边、角、尖等突出部位保护起来，以免刮花显眼位置等。

（二）自动化防错装置技术应用

在产品的制造过程中，设备上的自动化防错装置技术应用如表4-17所示。

表4-17　　　　　　　　　　　　　　　　　　　自动化防错装置及应用

技术类型	应用方法
传感器感应检测	机加工自动生产线根据不同产品型号的外形变化，传感器将感应到的信息反馈给后面的加工工序，使后面的工序调用对应的加工程序，实施相应的加工内容。如位置传感器、位移传感器、金属通过传感器等。
微型开关和限位开关	检测工件、模具或工具是否就位。这种便宜又稳定的传感器在国内外的企业中得到了广泛的应用。限位开关可以用来保证工件不在正确的位置时不运作或工件形状错误时操作停止，特别对于消除夹点、因受到撞击而导致的设备及产品的损伤非常有用。
差动变压器	依靠与工件的接触角度来获取磁场的变化，使错误操作停止。
接触开关	当光线照射到天线节时被激活，可以检测物体是否存在及尺寸大小和有无损伤等。
导向挡块、导向（基准、阻塞）棒或销	区分零件的输送导向。
光电器件	广泛作为光幕靶使用，以确保生产线运行之前机器区域内的整洁，也用于计算动作、落料和工件尺寸等。
金属通过探测器	用来计算安装的螺钉数，校验一个零件是否从冲压机上移走，确定安全升降机是否关闭。
温度计和热电偶	用来测定模具、电动机和固化炉的温度变化。

续表 4-17

技术类型	应用方法
压力计	检测管道内液体淤塞和引擎过压等状况。
铰链杠杆滚轮	适用于高速凸轮和棘轮，需要外力推动推按钮。
滑道滚轮推式按钮	适合直线外冲程操作，精度高，但作业后移动量小，需可靠性高的制动器配合使用。
防呆型工件夹紧装置	保证工作的一部分只能被固定在一个位置。
限位机械装置	用来保证工具不能超过某一位置或数量。

四、实施防错法的基本步骤

图 4-28 所示为实施防错法的七大基本步骤。

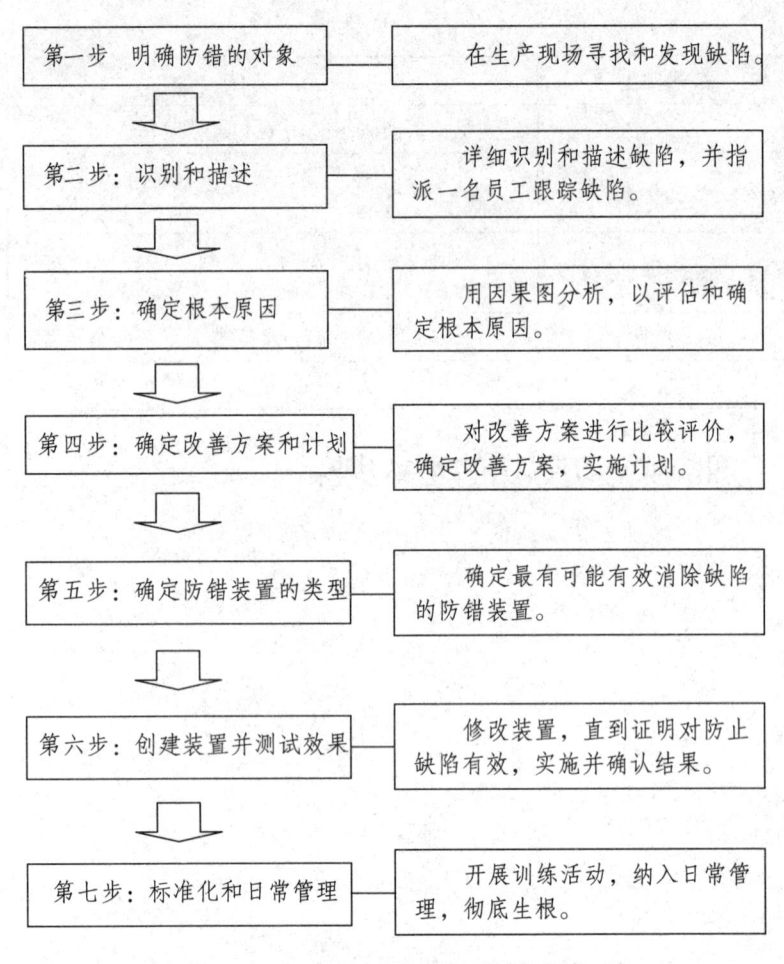

```
第一步  明确防错的对象        在生产现场寻找和发现缺陷。
          ↓
第二步：识别和描述            详细识别和描述缺陷,并指派一名员工跟踪缺陷。
          ↓
第三步：确定根本原因          用因果图分析,以评估和确定根本原因。
          ↓
第四步：确定改善方案和计划    对改善方案进行比较评价,确定改善方案,实施计划。
          ↓
第五步：确定防错装置的类型    确定最有可能有效消除缺陷的防错装置。
          ↓
第六步：创建装置并测试效果    修改装置,直到证明对防止缺陷有效,实施并确认结果。
          ↓
第七步：标准化和日常管理      开展训练活动,纳入日常管理,彻底生根。
```

图 4-28 实施防错法的七大基本步骤

五、防错法典型改善实例

表 4-18 所示为某工厂的钻孔防错改善实例。

第四章　班组质量管理工具与方法

表4-18　钻孔防错改善

	改善前	改善后
1. 过程遗漏 主题：预防数量差错。 2. 原因：漏掉加工工序。 3. 问题点：经常发生多钻或漏钻孔的现象。	作业人员负责保证钻孔数量的准确，有时作业人员会忘记钻孔数。	在钻床上装两个限位开关，一个限位开关装在钻床上，用于计算已钻孔的数量；另一个限位开关感知工件在钻孔平台上用于感知工件有无。若数量不对或位置不对时，蜂鸣器自动发出警报声。
1. 加工错误 主题：预防加工差错不良。 2. 原因：加工差错。 3. 问题点：在钻孔过程中经常发现没有钻头即完全钻穿孔现象抽出不良的现象。	工作程序要求钻头要完全钻穿工件后再提起。有时，钻头未到要求的深度即提起，出现不良孔。完全靠操作人员的技能和直觉不能在后续装配中发现全部的不良孔。	安装两个限位开关，若开关1在开关2没有断开前先断开，就会出现不良品，蜂鸣器会叫，提醒作业人员。 S1—钻孔开始 S2—钻孔到合适深度

237

第五章
现场设备管理工具与方法

导 读

引　子　引进日本硅片制造设备的启示
第一节　设备点检法与维护保养法
第二节　全员生产维护管理 (TPM)

引子　引进日本硅片制造设备的启示

某硅片制造公司 2003 年引进日本某著名公司硅片生产技术和生产制造设备，生产 4～6 英寸硅片，返销到日本。到该公司参观的客户，从大部分设备外表看都以为这九成新的生产硅片的设备是 20 世纪 90 年代中期的产品。但是，从该公司设备部门了解到，这些生产硅片的设备大部分是日本公司 20 世纪 80 年代初的产品，大家都为有如此精心的设备维护而感到惊奇。从原日本使用该设备的公司打听到，该日本硅片生产公司早已实施全员生产维护管理（TPM），进行设备自主保全和计划保全等预防性维护，不仅保持设备的成新度，而且保证已用了二十多年的设备还能继续生产合格产品。

第一节 设备点检法与维护保养法

一、设备点检法

(一)设备点检法的分类

设备点检法分为日常点检、定期点检和精密点检3种,如图5-1所示。

```
                    设备点检法
        ┌──────────────┼──────────────┐
     日常点检         定期点检         精密点检
```

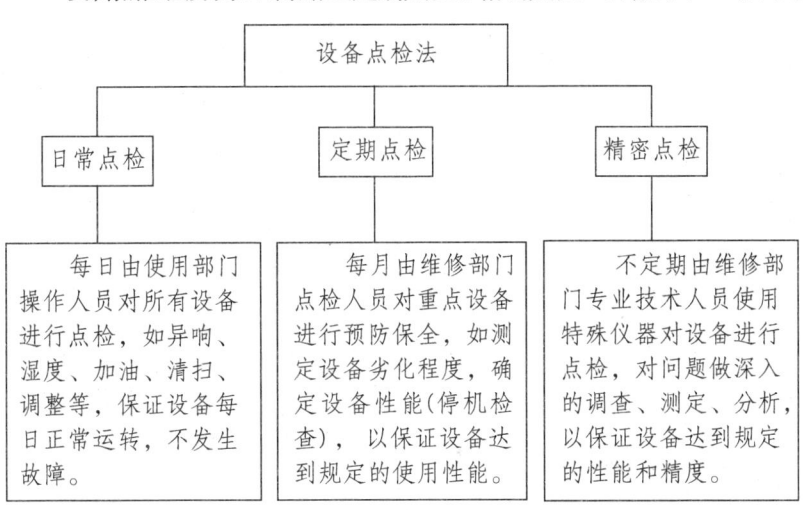

日常点检	定期点检	精密点检
每日由使用部门操作人员对所有设备进行点检,如异响、湿度、加油、清扫、调整等,保证设备每日正常运转,不发生故障。	每月由维修部门点检人员对重点设备进行预防保全,如测定设备劣化程度,确定设备性能(停机检查),以保证设备达到规定的使用性能。	不定期由维修部门专业技术人员使用特殊仪器对设备进行点检,对问题做深入的调查、测定、分析,以保证设备达到规定的性能和精度。

图5-1 班组设备管理内容

243

（二）设备日常点检的内容

设备日常点检主要是在非解体、非停机的情况下，依靠人的"五感"（即五官），对运转中的设备进行良否判断，通常包括对温度、压力、流量、振动、异响、动作状态、松动、龟裂、异常及电路的损坏、熔丝熔断和异味、泄漏、腐蚀等内容的点检。

日常设备点检的具体内容如表 5-1 所示。

表 5-1　　　　　　　　　　　　　　　　　　　　　　　　　　　设备日常点检的内容

保养内容	保养部位及其操作方法
清洁	主要清除设备中的灰尘，保持各触点的清洁。例如，清洗空气滤清器、机油滤清器，清洁冷却泵，清洁电动机、发电机、蓄电池，以及清洗电气操作和电气控制部分的电气设备解体检查时拆下的零部件，去除积炭、结胶、锈斑，保证设备油、水和通气管道畅通。
紧固	经常检查设备的紧固程度并进行紧固。在紧固件调整时，应该用力均匀恰当，紧固顺序按规定进行，确保紧固。
有效润滑	检查发动机的摩擦表面、齿轮、滚动轴承、拉杆、滑轮销子等活动部位。用"定人、定质、定时、定点、定量"的"五定"方法管理润滑油。
防腐	对金属制品或非金属制品采取必要的防腐措施。例如，洗净橡胶制品上的油污等，加以保护；在金属制品的保护层进行喷漆或涂上油脂等防腐涂料。
调整	调整因设备的振动等因素产生的不正常的错位和碰撞所造成的设备磨损、发热、噪声、振动甚至破坏。例如，调整齿轮间隙、气门间隙、制动带间隙和电压、电流等；对有关的位置、间隙尺寸做定量的管理，定时测量、调整，并在调整以后再加以紧固。
表面检查	检查设备运行过程中出现的故障先兆，包括：设备外表面有无损伤裂痕，磨损是否在允许的范围内；温度压力运行参数是否正常；电机有无超载或过热现象；传送带有无断裂或脱落现象；振动和噪声有无异常；设备密封面有无外露；设备油漆有无脱落，外表有无锈蚀。从设备的外观做目测检查，或者用仪器测量、检查设备。

（三）设备点检的要求

图 5-2 所示为班组现场设备点检的六大要求。

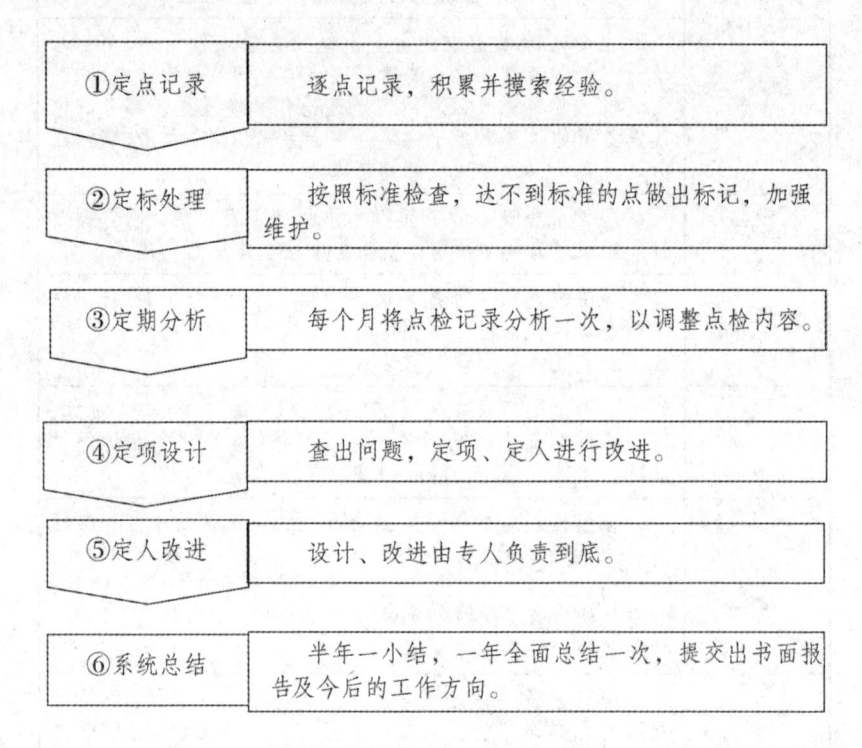

①定点记录	逐点记录，积累并摸索经验。
②定标处理	按照标准检查，达不到标准的点做出标记，加强维护。
③定期分析	每个月将点检记录分析一次，以调整点检内容。
④定项设计	查出问题，定项、定人进行改进。
⑤定人改进	设计、改进由专人负责到底。
⑥系统总结	半年一小结，一年全面总结一次，提交出书面报告及今后的工作方向。

图 5-2　设备点检的六大要求

（四）实施设备日常点检

1. 设备点检要明确规定职责。生产工人要严格执行日常点检程序，每天循环往复地进行。专业点检人员应根据现场实际制订点检表，并与操作人员一起落实点检工作。凡是设备有异状，操作人员或维修人员定期点检、专题点检没有检查出的，由操作人员或维修人员负责。已点检出的故障等应由维修人员维修，而没有及时维修的则由该维修人员负责。

2. 设备点检的要点。设备点检的要点主要包括一般机械的通用性要点，如空压、蒸汽、油压、驱动、电气等方面的各种要点。此外，一些故障频发的设备部位也是点检的重点所在。

3. 设备点检问题的解决。生产管理人员在设备点检中，如发现不正确的机器操作，必须要予以纠正，并要向操作者告知有关设备的结构、性能等方面的要点，让其了解为何要按操作规程作业。

设备操作人员应认真、仔细地对设备进行保养，一旦发现异常须及时登记，并上报设备部主管。如设备点检中发现经简单调整、修理可以解决的问题，由操作人员自己解决；在点检中发现难度较大的故障隐患，由专业维修人员及时排除。对维修工作量较大、暂不影响使用的设备故障隐患，经车间设备员鉴定，由车间维修组安排一保或二保计划予以排除或上报设备部门协助解决。如设备部主管不能处理时，须上报至设备部经理或专业设备保养人员处理。任何人不得随意对设备进行大规模拆卸。

表5-2所示为日常点检基准卡范例。

表 5-2 日常点检基准卡

设备名	厂家	编号	岗位名	编制日期	修改日期
50T压力机	A	A-04	第一压力机	2016年9月18日	年 月 日
部位		点检项目	点检方法	判定基准	处置方法
机械部	离合器制动器	V带的张力旋转式凸轮的松动。	手感与目视	用手指压，大约沉下一个指头表示驱动系统应无松动。	更换坚固件或锁紧。
	外观	本体各部位变形磨损，如螺杆、螺母松动。	目视与听觉	目视应无变形磨损，指定处无松动，不应产生异响。	补修，紧固把手，检查、修理。

248

第五章 现场设备管理工具与方法

续表 5-2

设备名	厂家	编号	点检项目	岗位名	点检方法	编制日期	判定基准	修改日期	处置方法
50T压力机	A	A-04		第一压力机		2016年9月18日		年月日	
部位									
液压气动部	油泵		有无发热，有无异响，中间齿轮部油量有多少。		手感与听觉、目视		温度60℃以下，不产生异响，保持油容量2/3以上。		更换零件，供油充足。
	手动油泵		有无漏油。		手感与目视		1天注油7~10次，油缸等部位无泄漏。		更换零件，供油充足。
	气动		压力、电磁阀、过滤器排水管排出、油箱排水管排出、配管部位。		目视、手感		压力应在5kg/cm²±0.3kg/cm²内，用手压滑阀不应脏污，连接处不可以有泄漏。		调整阀分解、修理、打开下部制动阀、紧固。
电气部	电机、指示灯、脚踏开关、电缆、接地安全装置		有无发热，有无异响，灯的指示状态等。		目视、听觉、脚踏		温度应在60℃以下，不应产生异响，亮暗情况，脚踏重复5~10次不应有损伤，松动情况，电缆及接地安全装置不应有损伤，松动情况等。		更换或紧固零部件。

249

二、设备的维护保养法

设备的维护保养是设备自身运动的客观要求，是管、用、养、修等各项工作的基础，也是操作工人的主要责任之一。设备维护保养的目的是及时处理设备在运行过程中随时发生的各种问题，以及人为因素造成的耗损，保证设备正常运行，及时处理并改善设备的运行条件，以延长设备的使用寿命，避免不应有的损失。

（一）设备三级保养的重要内容

1.人员要求。操作人员必须做到"四懂三会"，即懂结构、懂原理、懂性能、懂用途，以及会使用、会维护保养、会排除故障。设备保养可以分为3个等级（见表5-3），而现场班组只要求做到一级保养。

表 5-3 设备三级保养内容

项目	一级保养	二级保养	三级保养
担当人员或担当部门	设备使用人员	车间的设备维护人员	设备管理部门负责
周期/频率	每日、每周或者使用前后。	定期，如每月、每半年、一年等。	定期，如一年、三年或五年等。
主要特点	保养难度不大，通常作为日常工作进行。	技术性和专业性较强，包括定期的系统检查和更换及修复。	专业性很强，需用仪器设备才能实施的保养、维修。
主要内容	●拆卸指定部件和箱盖及防尘罩等，清洗过滤器、更换油管、油毡、过滤器、润滑油等。●疏通油路，清洗过滤器、更换油管、油毡、过滤器、润滑油等。●补齐手柄、手球、螺钉、螺帽、油嘴等，保持设备的完整性。●紧固设备的松动部位，调整设备的配合间隙，更换个别易损件。●清洗导轨及各滑动面，清除毛刺及划痕。	●对设备部分装置进行分解并检查维修、更换修复其中有磨损的零部件。●更换设备中的机械油、清扫、检查、调整线路及装置。●检查、调整、修复设备的精度，校正装置。	●设备定期大修、性能校正与改善。●做好定期保养日程、期保养实施精度校正。●协助二级保养人员的保养实施。●委托外部、专家修理、保养。
相关制度	设备自主保养制度	设备巡检制度	设备定期检修制度，厂家定期检修制度

2.设备三级保养的具体的操作要求有4点,如下所述。

①严格按规程进行正常操作和事故处理。设备保养前,设备维护人员应确保设备已关闭且电源已切断,以保证保养作业人员的人身安全。

②严格控制工艺指标,做到不超温、不超压、不超速、不超负荷。

③严格执行巡回检查制度,实行听、摸、查、看、闻五字方针,认真进行检查和记录,使设备经常保持清洁、润滑、紧固、防腐的状态。

④设备润滑要求做到"五定"(定人、定点、定质、定量、定时),其管理规范见表5-4。

表5-4　　　　　　　　　　　　　　　　　　　　　　润滑"五定"管理规范

序号	五定	要求
1	定人	依据润滑图表上的规定进行人员安排,规定负责加油、添油、清洗换油工作的人员,并指定负责抽样送检的人员。
2	定质	确定润滑部位所需油料的要求,保证所加油质必须化验合格。做到润滑装置器具完整清洁,防止污染油料。依据润滑卡片上规定的间隔时间进行加油。
3	定时	严格按照规定的间隔时间进行抽样、检验。
4	定点	根据润滑图表上指定的部位、润滑点、检查点进行加油、添油、换油等,检查液面高度及供油情况。
5	定量	按照规定的数量对各润滑部位进行日常润滑。

3.铣床润滑图表示例。图5-3所示为铣床的润滑示意图,表5-5所示为该设备的表格式润滑示意表。

第五章　现场设备管理工具与方法

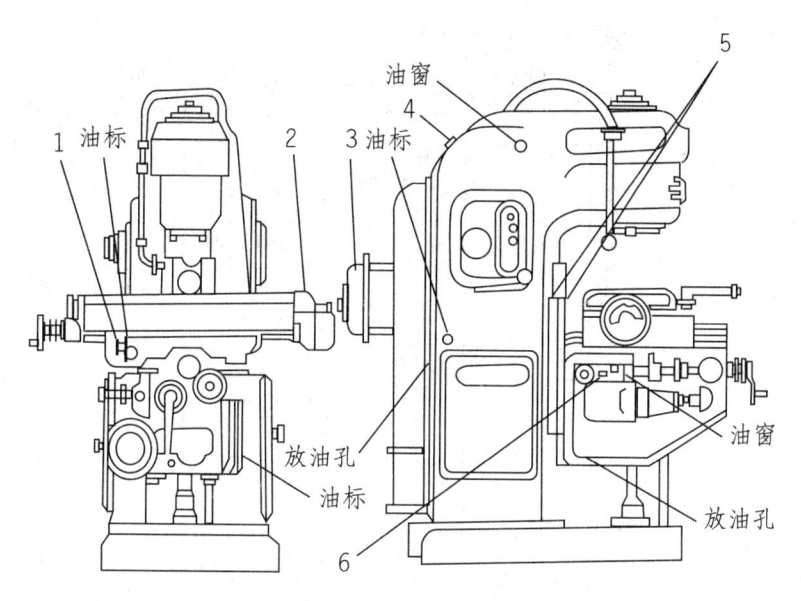

图 5-3　铣床润滑示意图

表 5-5 铣床的表格式润滑示意表

五定 定点			定质	定量	定期	定人
序号	润滑部位	润滑方式	润滑剂	油量（千克）	周期	润滑分工
1	手拉泵	吸	L-AN46全损耗系统用油	0.2	每班两次	操作工
2	工作台丝杠轴承	油枪	L-AN46全损耗系统用油	数滴	每班两次	操作工
3	升降台导轨	油枪	L-AN46全损耗系统用油	数滴	每班一次	操作工
4	电动机轴承	填入	2号锂基脂	2/3	半年更换一次	电工
5	主轴变速箱	油壶	L-AN46全损耗系统用油	24	半年更换一次	润滑工
6	进给变速箱	油壶	L-AN46全损耗系统用油	5	半年更换一次	润滑工

（二）日常维护保养工作实务

日常维护保养由设备操作人员负责，其工作实务如图 5-4 所示。

日常维护保养具体内容	**每日工作前** ①将尘埃、污物擦拭干净，做好滑动部分的清洁润滑。 ②不必要的物品不放置于设备、传动部位或管线上。 ③润滑系统是否足够润滑。 ④各部位螺钉是否松动。 ⑤空转试车正常与否，传动部分有无异状或异响。 **每日工作中** ①不得从事超越设备性能范围外的工作。 ②因故离开机器时应请人照看或停机。 ③注意机器运转情况，是否有异常声音、振动、松动等情况。 ④轴承或滑动部位有无发烫现象。 ⑤油路系统是否畅通。 ⑥注意加工产品的优劣情形，以决定是否停机。 ⑦发现不良产品，应立即报告。 **每日工作后** ①取下工作物。 ②清除切屑、污物，擦拭设备，清扫周围环境。 ③检查设备各部位是否正常。 ④应保持工具、工装、仪器及其附件等的清洁并置于固定位置。 ⑤擦拭干净滑动面后，应注入机油防锈。

图 5-4 日常维护保养工作实务

第二节 全员生产维护管理(TPM)

一、全员生产维护管理(TPM)概述

(一) TPM 的概念

TPM 是"全员参加 PM"的英文首字母的缩写。日本电装(股份)在日本首先实施 TPM，取得了优异的成果，获得了 PM 优秀公司奖（简称 PM 奖），这是日本企业界 TPM 的开端。

TPM 是以最有效的设备利用为目标，以维修预防（MP）、预防维修（PM）、改善维修（CM）和事后维修（BM）综合构成生产维修（PM）为总运行体制，由设备的计划、使用、维修等所有有关人员，从最高经营管理者到第一线作业人员全体参与，以自主的小组活动来推行 TPM，使损失为零。总而言之，TPM 活动是以改善设备状况，改进人的观念、精神面貌及改善现场工作环境的方式来改革企业的体制，建立起轻松活泼的工作氛围，使企业不断发展进步。

（二）TPM 的目标

① TPM 是"通过人员素质的提高与设备性能的改善来改善企业的体制"。

② TPM 最大限度地发挥设备的功能，以零故障、零缺陷为总目标。

③ TPM 以降低六大损失（设备故障、安装调整、空转短暂停机、速度降低、加工废品、初期未达产）来达到设备综合效率最大化的目标。

（三）TPM 的特点

TPM 全员生产维护主要突出一个"全"字，这个"全"字有 3 个方面的含义，即全系统、全效率和全员参加。

全系统是指生产维护的各个方面均包括在内，如预防维修、维修预防、事后维修和改善维修。全效率是指设备寿命周期费用评价和设备综合效率。全员参加是指这一维护体制的群众性特征，不仅局限于生产部门、工程和维修部门，设计开发等其他业务部门及行政部门都要纳入其中，以 5S 为基础，通过自主的小组活动使 PM 体制得到推动。

三个"全"之间的关系为：全员为基础，全系统为载体，全效率为目标。TPM 的主要目标就落在"全效率"上，"全效率"在于减少或降低六大损失。

（四）TPM 推进组织

TPM 推进组织的架构如图 5-5 所示。

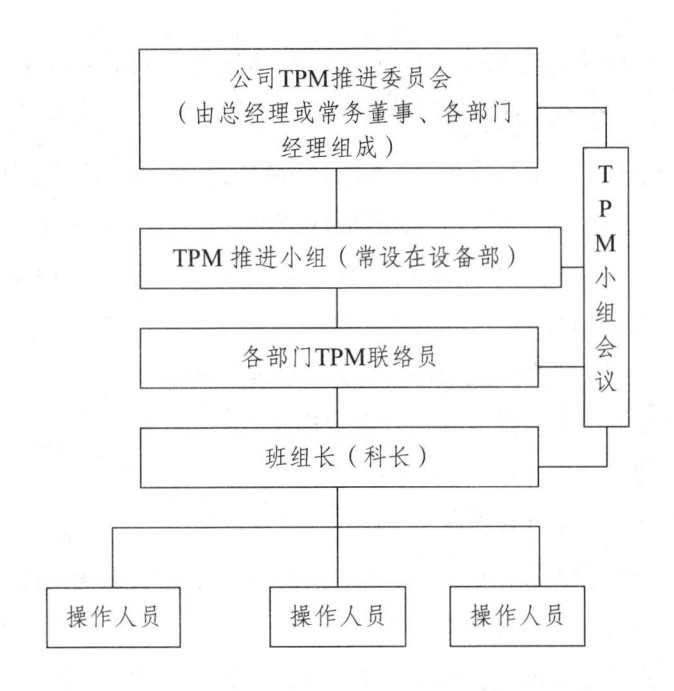

图 5-5　TPM 推进组织的架构示意图

（五）TPM 推进规划

TPM 推进规划分两个层次：一个是由 TPM 推进委员会制订的战略规划，另一个是由 TPM 推进小组制订的战术规划。一般而言，制订 TPM 的战略规划分为近期、中期、长期 3 种。对于较大型企业集团而言，TPM 活动的时间应是：近期规划以一两年为宜，中期规划以三五年为宜，长期规划 5 年以上为宜。TPM 的战术规划根据企业的具体情况来制订，先成立 TPM 的推行组织，进行系统规划；然后，进行人员培训，再在各个部门具体实施；实施后，进行效果评估和监督并持续不断地进行改善，以达到 TPM 设定的目标。

（六）TPM 的效果

经过对日本的被授予 PM 奖的公司的成果进行研究，我们认为：企业推行了 TPM 之后，应获得如下的效果。

①附加价值生产率提高到 1.5~2 倍，突发故障由 1/10 降低到 1/250，设备运转率提高到 1.5~2 倍。

②工程不良率降低 1/10，交货厂家索赔减少 1/4。

③生产成本降低 30%，产品及半成品库存减半。

④停产灾害为 0，公害为 0。

⑤改善提案件数提高 5~10 倍。

⑥自主管理被彻底贯彻，实现故障为零、不良品为零的目标，增强了员工只要去做就能实现的自信心。

⑦车间变得清洁、明亮，给来访者留下了很好的印象——这关系到客户下多少订单的问题。

二、TPM 的八大支柱

在 TPM 方面，为彻底降低六大损失，要开展以下八项活动，我们称之为"开展 TPM 的八大支柱"，如图 5-6 所示。

第五章　现场设备管理工具与方法

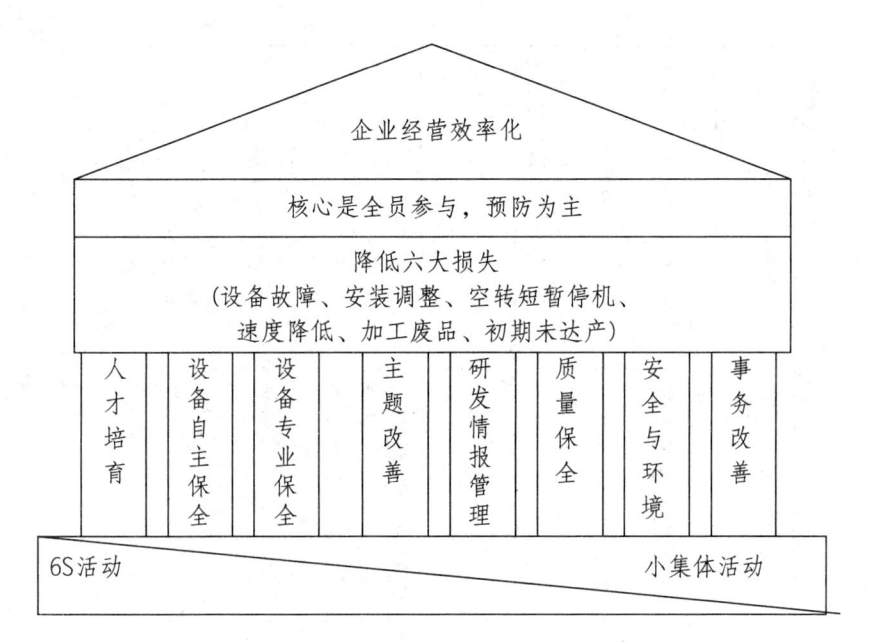

```
                    企业经营效率化
         ┌─────────────────────────────────┐
         │    核心是全员参与，预防为主         │
         ├─────────────────────────────────┤
         │          降低六大损失              │
         │ (设备故障、安装调整、空转短暂停机、   │
         │   速度降低、加工废品、初期未达产)    │
         └─────────────────────────────────┘
         │人│设│设│主│研│质│安│事│
         │才│备│备│题│发│量│全│务│
         │培│自│专│改│情│保│与│改│
         │育│主│业│善│报│全│环│善│
         │  │保│保│  │管│  │境│  │
         │  │全│全│  │理│  │  │  │
         6S活动                    小集体活动
```

图 5-6　TPM 的八大支柱

典型的 TPM 一般包括八大支柱和两大基石，下面简单介绍 TPM 管理体系八大支柱内容，如表 5-6 所示。

261

表5-6 TPM的八大支柱

序号	支柱名	目的	重点	实施步骤和手段
1	人才培育	1. 员工的教育和训练活动位于TPM活动的首位。2. 充实教育体系，培养懂设备、会管理、会控制品质的人才。3. 提高员工技能水平。	1. 尽量让更多的员工参与。2. 多样化。	1. 开展一般改善提案活动。2. 开设"TPM之窗""TPM发表会"等活动。3. 建立TPM教育训练体系。4. 多技能员工的培养。
2	设备自主保全	1. 通过生产部门推进传统的日常设备自主管理活动，将员工的积极性调动起来，培养员工强大的有实力的作业能手，提高员工对设备、工作场所设备的保全水平和能力，训练员工发现异常现象及修复、改善设备等技能。2. 实现理想的现场，即谁都能发现并纠正现场和设备的异常和问题点。	1. 强调自主管理意识，掌握设备点检技能，早期发现异常，事前防止故障的发生。2. 学习设备的基本操作，能进行正确的操作，减少故障的发生。	1. 初期清扫。2. 做好自主保全（清扫、加油、紧固）等方式，维持设备的基本运行条件，利用设备点检的方式对设备或工具检的劣化进行复原教育（点检手册或点检检查表）。3. 总点检。4. 自主点检。5. 标准化。6. 贯彻自主管理。

第五章 现场设备管理工具与方法

续表 5-6

序号	支柱名	目的	重点	实施步骤和手段
3	设备专业保全	1. 专门的设备维修部门进行预防保全和计划保全，并通过诊断技术提高对设备状态的预知力，构建的预防保全体制，使设备能维持"故障0、不良0"的预防保全LC（一生）的总成本。 2. 减少设备突发故障的发生，延长保全作业的周期，缩短保全作业工时。 3. 培养设备专门保全技术者。	1. 强化预防保全和计划保全体系。 2. 建立完整的运行记录。	1. 建立备品、备件的管理体制。 2. 建立专门保全管理体制，使设备维修行为规范化。 3. 推进计划保全与改良保全，设定基本条件基准，进行基本条件分析。 4. 大力开展预防保全活动，使定点检查工作效率化，进行设备综合诊断工作，达到设备备件的极限利用。
4	主题改善	1. 将所有与设备、人员相关的损耗、浪费"显露化"。 2. 提高设备综合效率及员工的劳动生产率。	1. 明确浪费含义。 2. 研习改善手法。 3. 在TPM小组活动里按主题活动的方式进行，需要跨部门可以组成跨部门项目小组进行活动。	1. 创建高效率的"生产线"，排除常见的浪费现象。 2. 建立生产性浪费体系图。 3. 浪费的记录及浪费记录的整理。 4. 确立基准值。 5. 建立生产性向上标准。 6. 决定挑战项目并实施。

263

续表 5-6

序号	支柱名	目的	重点	实施步骤和手段
5	研发情报管理	1. 建立动态开发设计的管理体系。 2. 设计出符合生产要求的设备。 3. 对设备进行最优化规划、布置。	1. 掌握产品设计和设备设计的必要情报。 2. 设备操作人员和维修应人员具有适新设备的能力。	1. 设计没有缺点的产品和设备。 2. 生产保全和质量部门提供必要的情报。 3. 按少维修、免维修思路设计出符合生产要求的设备。
6	质量保全	1. 构建能确保制造质量稳定的生产线。 2. 构建不产生不良品的质量体系。 3. 培养能控制质量的人才。	1. 树立正确的质量意识。 2. 设定良品条件。	1. 分析产品质量不合理状况，提出解决办法。 2. 防止无意识差错。 3. 分析和消除慢性不良状况的要因（PM分析法）。 4. 建立良品生产条件的标准化。 5. 维持条件改善。 6. 防止不良品的产生及不良品的流出。
7	安全与环境	1. 构建安全管理体系和 ISO14000 国际环境管理体系。 2. 创建安全及整洁、温馨、充满生气的工作场所。 3. 成为值得休养、社会信赖的公司。	1. 切实执行安全规定。 2. 认识环境改善的意义。	1. 建立"安全巡视制"——排除不安全状态、不安全行为。 2. 查找危险因素，提出并择优选择改善方案，实施改善。 3. 组织节能源改善活动。 4. 组织环境改善活动，再利用活动和废弃物分析，如"垃圾0活动"等。

第五章 现场设备管理工具与方法

续表 5-6

序号	支柱名	目的	重点	实施步骤和手段
8	事务改善	1. 构建非业务部门业务改善的体系。2. 缩短各种业务周期（时间）。3. 提高满意的情报和支持。4. 通过革新活动，不但提高工作的绩效，而且要培养有经营头脑和全局思想的经营管理人才。	1. 明确事务工作的改善方向。2. 掌握事务工作的各种浪费形式。	1. 准备事务工作之改善方向，如非业务部门的"八大浪费"。2. 设定管理基准。3. 选出课题。4. 改善。

265

三、TPM 的实施步骤

全员参与是 TPM 的重点，TPM 实施主要分为以下所述的三大阶段。

1. 准备阶段：企业高层领导积极参与，做好动员和宣传造势工作，任命一位 TPM 专员负责全员培训教育，营造实施 TPM 的氛围。

2. 实施阶段：组建 TPM 实施团队组织，确定目标，制订实施计划，制订标准，全面开展工作，实施时必须对问题准确定位并细化调整和修改作业程序。

3. 总结阶段：检查评估，找出不足，巩固成果。

TPM 的具体实施步骤如图 5-7 所示。

第五章 现场设备管理工具与方法

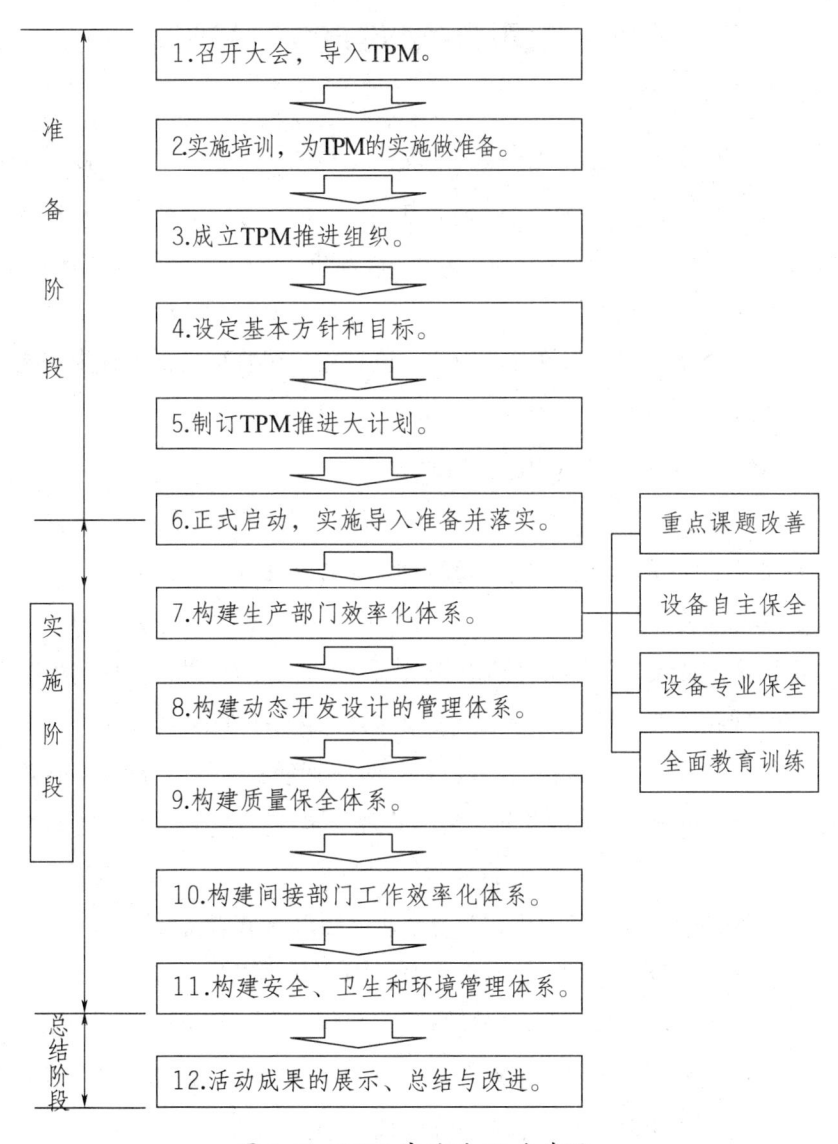

准备阶段
1. 召开大会，导入TPM。
2. 实施培训，为TPM的实施做准备。
3. 成立TPM推进组织。
4. 设定基本方针和目标。
5. 制订TPM推进大计划。

实施阶段
6. 正式启动，实施导入准备并落实。
7. 构建生产部门效率化体系。 —— 重点课题改善 / 设备自主保全 / 设备专业保全 / 全面教育训练
8. 构建动态开发设计的管理体系。
9. 构建质量保全体系。
10. 构建间接部门工作效率化体系。
11. 构建安全、卫生和环境管理体系。

总结阶段
12. 活动成果的展示、总结与改进。

图 5-7 TPM 实施的 12 个步骤

267

四、某石化公司 TPM 推进成功经验

（一）概况

某石化公司是该地区最大的现代化石油化工企业之一。该石化公司有石油化工主要生产设备 6 万余台，多为易燃、易爆、连续性生产、腐蚀性强的设备，大部分设备分布于室外，维护难度较大。该石化公司认识到装置的安全、稳定及长周期运行状况的水平直接影响着企业的成本和效益。为此，该石化公司着重进行了较为系统的 TPM 规范化设备管理。

（二）TPM 管理的运行与实际应用

1. 全体动员，成立推进组织，确定目标。该石化公司成立了 TPM 推进委员会组织机构，负责动员全体员工及 TPM 的全面推进。机动部作为主推 TPM 管理的部门，编写了 TPM 管理体系手册，该手册内容涉及人力资源培训、设备前期管理、运行维护管理、检维修管理和绩效考评与测量等十多项内容；编写了 TPM 程序文件，该文件包含方针、总体目标、阶段目标、阶段管理和考核等方面的内容。

公司的方针：全员参与、规范管理、实现设备综合效率最大化。

总体目标：提高员工的素质，实现员工自主维修设备的目标，实现设备运行效率最大化，改善企业体制以追求最高目标。

五年阶段目标：从 2004 年开始，分 5 年推进。

可测量的指标：TPM 活动员工参与率、设备综合效率（OEE）、合理化提案及实施率、单点课制作数、技术攻关完成数，非计划停机次数、关键设备故障率、检维修成本。

2. 加强培训，转变观念。

①制订年度 TPM 培训计划，提出培训方向和培训课题。

②外请专家教授讲课，分层次培训。

③操作班组进行单点课培训，员工相互学习。

④每月组织召开月度 TPM 例会。

根据现场实际情况，开展单点课活动，其是针对生产中某个特定问题，由设备管理人员自己编写专门教材，可以在一张纸上列出提纲和要点进行培训，如表 5-7 所示。

表 5-7　　　　　　　　　　　　　　　　2004 年 6 月单点课（阀门维护保养）计划表

题目	阀门维护保养的改善		编号		GDK002
			准备日期		2004 年 5 月 20 日
类别	☐ 基本知识 ■ 改进案例 ☐ 故障案例	工段长	工程师	组长	编写者
		章锡威	谭林荣	李卫民	王健林
内容	1. 阀门保养维护要求：阀门表面无积尘、无锈迹；阀门密封点完好、无泄漏。 2. 改善作业流程。 3. 阀门按要求加油保养，具体要求如下所述。 ①清除阀门旧润滑脂。 ②阀门手轮铜套加注润滑脂。 ③阀杆加新润滑脂，涂抹要均匀。 ④阀门手轮铜套没有注油孔的，加注 L-AN46 全系统损耗用油。 ⑤对于长期不进行开关操作的阀门，套上竹筒保护。 4. 阀门盘根保养维护措施如下所述。 ①检查阀门盘根是否需要更换。 ②需要更换盘根的阀门，在更换前应处于关闭状态。 ③准备好盘根，按要求开好坡口。 ④拧下盘根压盖螺栓。 ⑤卸出盘根压盖。 ⑥加进盘根，压紧盘根。				
实际效果	完成时间	2004 年 6 月 8 日	2004 年 6 月 8 日	2004 年 6 月 8 日	2004 年 6 月 8 日	2004 年 6 月 8 日
	教师	谭××	谭××	谭××	谭××	谭××
	员工	李××	赵××	何××	严××	顾××

第五章 现场设备管理工具与方法

3. 建立考评考核奖励制度。根据实际情况，进行周评、月评。考评内容包括现场管理、合理化提案数等，并将考评结果公布于活动看板上，对优秀班组和个人根据奖励机制进行适当奖励。表5-8为TPM活动考评表。

表5-8　　　　　　　　　　　　　　　　　　　　TPM活动考评表

作业部(装置):		考评时间段:	考评人:		日期:
类别	内容	考评标准（分）	自评	考评组评分	
培训方面	有无制订年度培训计划。	0~5			
	TPM基础知识培训、推广程度。	0~8			
	参加单点课培训情况。	0~5			
设备故障率	低于2%。	0~5			
非计划停机次数和时间	非计划停机次数少于上年同期。	0~5			
组织或参加技术攻关	参加项目并取得成效。	0~8			
自主参与设备的维护保养情况	员工有自主参与设备维护保养的意识，并进行有效的设备维护保养。	0~5			
合理化提案数及实施率	合理化提案的数量。针对合理化提案管理建立相应的奖励机制。	0~5			
	合理化提案的实施情况。	0~3			
……	……	……			

注：1. 以上项目评分标准，未开展或未达到标准0分，开展了或达到标准为相应评分的分值。

　　2. 较差20%，一般50%，良好80%，优秀100%。

271

4.TPM之现场精细管理。全员参与并重视设备的维护保养为该石化公司的安全生产和装备长周期运行提供了保障。2005年是该公司的多数炼油装置进入大修周期的末期，设备状况劣化。因此，必须更加重视设备的维护保养工作，更加精细地进行设备的操作及维护保养。例如，对机泵冷却水要勤检查、勤疏通，机泵油镜、容器液位计要勤清洗；要保证润滑油油色、油位正常。通过严查细管，该石化公司的1#蒸馏A系列装置连续运行980天（历史最好成绩596天），超历史最长连续运行时间。

5.TPM之维修管理。

①日常规范化维护管理。该石化公司根据设备磨损老化状况，针对不同装置的设备重要程度，采用不同的维修策略。例如，对PDS、造粒系统进行预防性维修和机会检修，使问题消灭在萌芽之中。2005年该石化公司全年未出现过一次因这两套系统存在问题而非计划停机的情况。

②大修期间的规范管理。例如，该石化公司在2005年的炼油西区大修中，就大修现场的"5S"管理及质量控制管理、进度控制管理、安全环保控制管理和费用控制管理等进行了规范操作，为分公司多创造产值1亿元以上。

6.大力开展"两个活动"。该石化公司大力开展"合理化提案"和"技术攻关"活动。针对管理或技术方面的不合理点，任何员工均可提出合理化建议。一经采纳，便予以不同类型的奖励。

该石化公司各部门针对生产过程中出现的重大生产、设备难题按项目成立技术攻关小组。例如，该石化公司化工一部针对裂解装置的三大压缩机组运行周期短的问题进行了攻关，到 2008 年已连续运行 3 年，运行状况良好。

（三）主要取得的成效

①非计划停机从 2003 年的 26 次减少到 2005 年的 14 次。非计划停机造成的效益损失从 2003 年的 2478 万元下降到 2005 年的 760.6 万元。

②主要设备年平均完好率从 2003 年的 98.86% 上升到 2005 年 99.33%，装置设备完好持续处于高水平。

③2004 年，该石化公司中公司级的重点攻关项目有 6 个，各部门攻关项目总数 156 个，且 96% 攻关完成，取得了较大的经济效益。

④该石化公司 2004 年全年单点课数累计达 185 次，累计培训人次 5970 人次。

⑤该石化公司的员工自主参与设备维护保养的意识不断加强。通过检查、考核、评比等管理手段，该石化公司的生产现场面貌有很大改观。

第六章
现场安全管理工具与方法

导 读

引　子　某电子有限公司吊装搬运事故
第一节　三级安全教育法
第二节　危险预知训练法

引子　某电子有限公司吊装搬运事故

2004年某天，上海某电子有限公司刚从日本某企业引进的生产设备需要从生产大楼地面将设备吊装到二楼并就位。该设备由该公司资材部负责与日本的企业联系购回，资材部部长张某到现场查看设备情况，看着看着就顺便去帮忙了。吊装搬运由吊装班长陈某指挥，先从大楼外面地面吊装到二楼，然后在二楼进行就位。在场所有人员都参加了搬运设备到位，资材部的张部长也不例外，也参加了设备就位工作。随着吊装班长陈某的口令——让所有搬设备的人员放手，使设备着地。就在设备落地一瞬间，只听见张部长大喊："我的脚被压在里面了！"在场所有人马上把设备抬起，立刻送张部长去医院，医生给他打钢钉固定，只好在医院度过了半年时间。

第一节　三级安全教育法

一、三级安全教育的主要教育内容

安全生产教育的主要形式有"三级教育""特殊工程教育"和经常性的"安全宣传教育"等形式。在工业企业所有伤亡事故中，由于新工人缺乏安全知识而产生的事故发生率一般为50%左右。所以，企业对新工人、干部、学徒工、临时工、合同工、季节工、代培人员、来厂实习人员和调动工作的工人，要特别注重实行企业、车间、班组三级教育。表6-1所示为三级安全教育的主要内容。

表 6-1　　　　　　　　　　　　　　　　　　　三级安全教育的主要内容

三级教育	组织部门	主要教育内容
厂级安全教育	由厂安全技术部门会同教育部门组织进行。	国家安全生产方针、政策及主要法规、标准，各项安全生产规章制度及劳动纪律，企业危险作业场所安全要求及有关防灾、救护知识，典型事故案例的介绍，伤亡事故报告处理及要求，个体防护用品的作用和使用要求，其他有关应知、应会的内容。
车间安全教育	由车间主任会同车间安全技术人员组织进行。	本车间生产性质、特点及基本安全要求，生产工艺流程、危险部位及有关防灾、救护知识，车间安全管理制度和劳动纪律，同类车间伤害事故的介绍。
班组安全教育	由班组长会同安全员及带班师傅组织进行。	班组工作任务、性质及基本安全要求，有关设备和设施的性能、安全特点及防护装置的作用与完好要求，岗位安全生产责任制度和安全操作规程，事故苗头或发生事故时的紧急处置措施，同类岗位伤亡事故及职业危害的介绍，有关个体防护用品的使用要求及保管知识，工作场所清洁卫生要求，其他应知、应会的安全内容。

二、日常安全教育方法

经常性的安全宣传教育可以结合本企业本班组具体情况，采取各种形式，如运用安全活动日、班前班后会、安全交底会、事故现场会、班组园地或墙报等方式进行安全宣传，如图 6-1 所示。

第六章 现场安全管理工具与方法

安全宣传画：正面宣传画，说明小心谨慎、注意安全的好处；反面宣传画，指出粗心大意、盲目行事的恶果。

声像：用电影、录像等手段使安全教育寓教于乐，主要有安全方面的广播、电影、电视及录像等，对解释新的安全装置的使用方法或新的工作方法特别有用。特别是用慢动作再现快速的事件，使员工清楚地看到动作的每一个细节，增强学习的效果。

广告：包括安全广告、标语、宣传画、标志、展览及黑板报等形式，以精炼的语言、醒目的方式使员工了解危害和怎样排除危害的措施。将广告与有一定目的的其他活动结合起来时，可以收到最佳效果。

演讲：包括教学、讲座、经验介绍、现身说法及演讲比赛等形式，可以是系统教学，也可以是专题讨论。通过对安全规则、事故状况、保护措施等问题举办专题讲座，使员工与讲解人有直接接触的机会，彼此交换意见，可以增强宣传教育的效果。

安全资料：定期出版的安全杂志、简报；印有安全知识的小册子和宣传单、工资袋封皮上的图示和标语等安全宣传资料，还有描述新的安全装置、操作规则以及预防事故的新方法等有图示说明的文章。

安全活动：坚持班前布置安全防范、班中检查安全、班后总结安全的制度和员工违章离岗安全教育、工伤事故责任者安全教育等活动，开展安全日、安全周、安全月或安全竞赛活动，提高员工安全生产的积极性，对优胜者给予奖励。

图 6-1 日常安全教育方法

三、上海某公司"班前一分钟安全教育"

为了发挥班组安全管理的主观能动性,使班组逐步走向安全工作的自我管理,上海某钢铁公司经过多年摸索发现只有抓住岗位、工种班前教育,才能及时把各类事故苗头消灭在萌芽状态。由此,该公司发明了"班前一分钟安全教育"活动。图6-2所示为"班前一分钟安全教育"活动的内容、形式、经济考核和实施效果等内容。

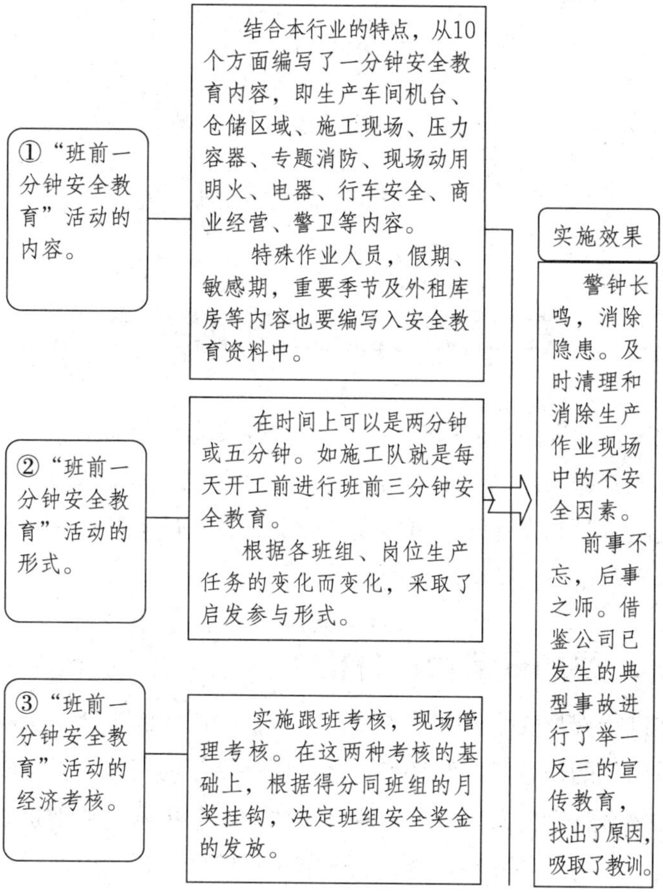

第六章 现场安全管理工具与方法

① "班前一分钟安全教育"活动的内容。

结合本行业的特点，从10个方面编写了一分钟安全教育内容，即生产车间机台、仓储区域、施工现场、压力容器、专题消防、现场动用明火、电器、行车安全、商业经营、警卫等内容。

特殊作业人员，假期，敏感期，重要季节及外租库房等内容也要编写入安全教育资料中。

② "班前一分钟安全教育"活动的形式。

在时间上可以是两分钟或五分钟。如施工队就是每天开工前进行班前三分钟安全教育。

根据各班组、岗位生产任务的变化而变化，采取了启发参与形式。

③ "班前一分钟安全教育"活动的经济考核。

实施跟班考核，现场管理考核。在这两种考核的基础上，根据得分同班组的月奖挂钩，决定班组安全奖金的发放。

实施效果

警钟长鸣，消除隐患。及时清理和消除生产作业现场中的不安全因素。

前事不忘，后事之师。借鉴公司已发生的典型事故进行了举一反三的宣传教育，找出了原因，吸取了教训。

图 6-2 "班前一分钟安全教育"活动

第二节　危险预知训练法

危险预知训练法简称 KYT，是预防性安全管理的重要方法，是日本企业普遍采用的一种预防性安全教育方式。危险预知训练法的目的是通过预知作业场所可能发生的危险，对员工进行安全意识教育，以提高全员预防事故的能力。

一、现场安全管理分析

在进行现场安全管理分析时，必须根据产品的工艺、生产线及工序或岗位的作业内容和特点，找出所有可能的安全隐患及事故引发点和安全管理的薄弱环节，明确具体的防范措施，特别是对过去多次发生的事故和发生过事故的环节进行统计分析，以便重点控制多发事故，进而全面把握岗位安全要点。

二、实施危险预知训练

采用图片、表格、电子演示文稿（PPT）等生动直观的形式表现多发事故、常发事故及薄弱环节，并汇编成危险预知训练教育教材，组织相关员工进行系统学习。必要时，可结合现场操作和演示进行，使员工全面掌握本岗位安全要点。

三、紧急情况及其预案和演练

在产生伤害事件或发生紧急情况时，能够积极采取应对措施，能够把风险降低至可容许的最小限度，需做好如下所述的几方面的工作。

首先，应制订好应急计划。应急计划内容一般包括：①潜在事故性质、规模及预测事故造成的后果；②与政府及各紧急机构的联系（消防机构、医院等）方式；③危险报警和通信联络的步骤和方法；④应急指挥者及参与者的责任、义务；⑤应急指挥中心的地点及组织机构；⑥危险现场人员撤离的步骤；⑦设施关闭程序等。

应急设备一般包括：①报警系统；②应急照明和动力；③逃生工具；④安全避难场所；⑤危急隔离阀；⑥开关和断流器；⑦消防设备；⑧急救设备；⑨通信设备等。

其次，对应急计划和程序进行评估与修订，以适应现场设施和危险物的变化情况，使其更能发挥作用。

最后，对应急计划和预案进行测试和演练，以确保其在危险发生时能够产生作用。

四、实例：岗位危险预知训练表

某企业某生产班组为防止高空作业出现危险，发动本组员工预想可能发生的各种情况，提前采取措施，有效地防止了事故的发生。该班组把高空作业的危险及预防措施做了一个岗位危险预知训练表，如表6-2所示。

表 6-2　　　　　　　　　　　　　　　　　　　岗位危险预知训练表

岗位危险预知训练表				
编制时间：2009年9月19日 发行时间：2009年9月28日 版本号：2009V1.0 龚俊伟		批准 郑国敏	审核 陈书容	编制
编号	GWZ-T-12	设备名称	高空安全带等	
工序名	高空作业	作业人数	2人及以上	
安全隐患点			劳动保护用品及措施	
没有佩戴安全带 蹬脱坠落危险			高空安全带 作业警示 高空作业 危险勿近	
隐患点	1.如果蹬脱，有坠落危险。 2.如果工具脱手，有落下伤人的危险；如果工具放到滑线上，有被碰掉并伤人的危险。 3.如果另外一台吊车溜过来，有伤人危险。			
预防措施	1.受挂位置太低，发生坠落时有受伤的危险。安全带挂到上部护栏上，并控制好长度。 2.使用工具系绳子，绳子一端挂在腰带上，用后放入工具袋。下部危险区域设明显警示标志，派人监护。 3.5米处设止轮器，插红旗，通知吊车司机。			

第七章
现场人员管理工具与方法

导 读

引　子　日常监督和培训有多重要
第一节　TWI 与 OJT 训练方法
第二节　多能工培养方法

引子　日常监督和培训有多重要

李某在某电子公司从事硅片磨片生产，他来公司约有两年时间，工作时很认真，是班组磨片方面最好的员工，他所在的班的高班长鼓励其他员工向他学习。

最近，李某加工的产品中出现了零星的磨片不合格现象。此时的产品是新型号，质检员在质检时发现存在磨片质量问题。高班长不得不将李某叫来询问原因。李某说：自己一直这样努力操作，问题一定出现在后面的洗涤工序。但是，经过质检部门调查，发现洗涤工序没有问题，并确认问题出在磨片环节。

高班长感到纳闷：一直以来表现不错的李某在磨片时怎么会出问题呢？于是，高班长仔细观察了李某的磨片过程，发现李某的操作看似与以往一样，但其磨片收尾工作做得不够细致，以至将磨片屑带向了下一道工序。高班长将自己的观察结果告诉了李某。李某却说：自己以前都是这么操作的，一直都未出现问题。原来，李某并不知道磨片屑会导致下一道工序不合格。对此，高班长非常吃惊，但回过头一想：其实问题主要出在自己身上。由于李某一直非常认真负责，高班长就忽略了对李某工作的日常培训和监督。由于高班长缺乏对李某工作的定期评估，从而造成了此次的质量事故。

第一节 TWI 与 OJT 训练方法

一、TWI 训练方法

TWI 的概念可以追溯至远比第二次世界大战更早的时期,它源于查尔斯·阿伦提出的理念,他在第一次世界大战期间为造船业创造了一套快速有效的培养企业基层工作人员的培训方法,这套方法就是 TWI(Training Within Industry)。查尔斯·阿伦提出的工作培训体系基于以下 4 步流程:准备、展示、操作和测验。TWI 的训练内容一般包括 3 个部分,即 JI——工作教导训练、JM——工作改善训练、JR——工作关系训练。在此基础上,日本的企业界又开发出了 JS——工作安全训练。表 7-1 所示为 TWI 训练的 4 种方法。

表 7-1 TWI 训练的 4 种方法

TWI 方法	训练的目的	训练的方法
JI	指导新员工或无工作经验者，使其能够按作业标准准确完成工作，以确保产品质量和工作效率。	第一阶段：学习准备。①使新员工或无工作经验者平心静气。②告诉新员工或无工作经验者将做何种工作。③了解新员工或无工作经验者对这份工作认识的程度。④营造使新员工或无工作经验者乐于学习的气氛。⑤帮助新员工或无工作经验者进入正确的位置。第二阶段：传授工作。①将主要的步骤一步一步地讲给新员工或无工作经验者听，写给其看，做给其看。②强调要点。③清楚、完整、耐心地教导。④传授内容不要超过新员工或无工作经验者的理解能力。
JM	主要是帮助基层主管学习改善方法技巧，通过对工作各个环节的改善，提高工作现场的工作效率和产品质量，降低成本，保证产品质量，按期交货，保证安全及提高员工的士气。	第一阶段：就每一细目一细目（如材料、机器、设备、工具、动作、安全、环境等事项），应一并自问检讨。第二阶段：整理。①删除不必要的细目。②尽量将细目加以合并。①重组改善的顺序。②简化必要的细目。第三阶段：完善新方法。③参考他人的意见。第四阶段：实施新方法。①使上级、下属了解新方法。方法付诸实施，一直持续到下一次改善时。
JR	帮助基层主管解决员工在工作时与人相处的问题。	第一阶段：掌握事实。①调查问题发生前的事实。②了解涉及哪些规则和惯例。③与有关人员交谈。④了解其说法与心情。⑤掌握全部事实经过。第二阶段：①整理资料。②考虑事实之间的关系。③考虑采取的措施。④明确有关规定与方针。⑤考虑对其本人对其他下属、对生产有何种影响。⑥切忌过早做出以偏概全的判断。第三阶段：实施对策，立即付诸实行。
JS	在事前思考处理对策，将工业伤害程度减少到最低。	①是否可以自己做检讨。②是否确实行检讨结果。③能导致事故发生的要因是否已除去。④有没有新的要因产生。⑤事故皮生必有原因，切断一切必要因。

292

二、OJT

OJT（On the Job Training）指在职训练，常被称为教育培训或在岗培训、指导和训练。OJT 主要是指在实际履行职务之中，上级或前辈对于下属或后进者，以有计划或具体的形式进行相关的业务指导训练。亦即通过亲眼观察和实际操作，在工作场所中进行各项知识性的熟练学习，以促进生产现场的交流，强化生产现场的合作，提高作业者的工作热情，有效地实施生产现场的工作，圆满完成生产目标。

OJT 的推行方法有很多种，包括营造亲身体验的活动，如创造积极的工作氛围（如老员工带新员工或工作轮调）、进行工作目标指引（如多能工训练）等。OJT 适合于技巧、技术与操作型任务的训练，其培训步骤与操作要点如图 7-1 所示。

```
说明  →  示范  →  操作  →  边做边说  →  定期检查
```

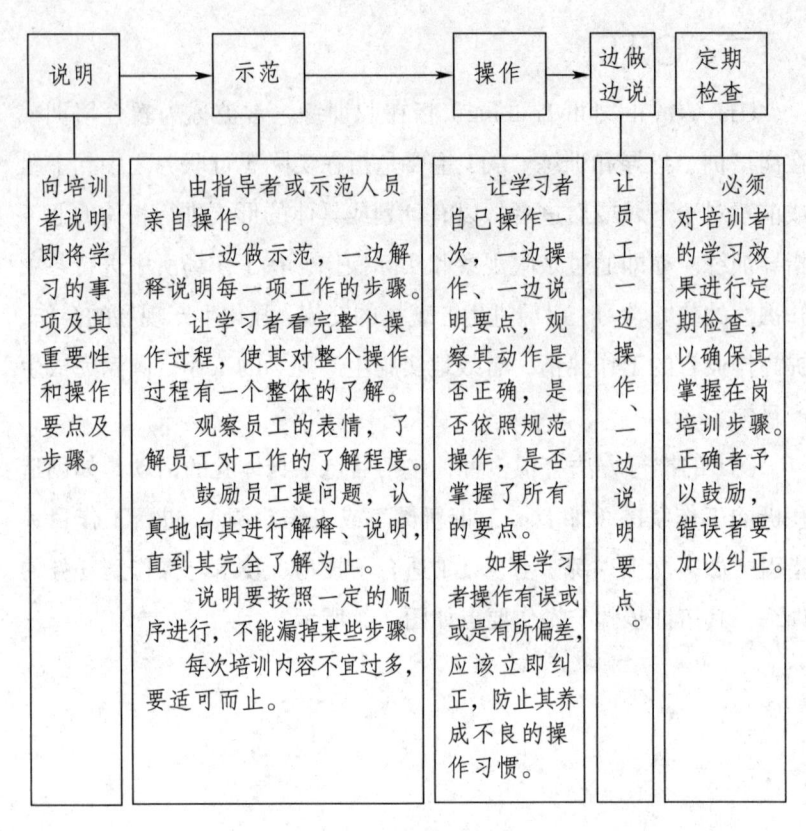

说明	示范	操作	边做边说	定期检查
向培训者说明即将学习的事项及其重要性和操作要点及步骤。	由指导者或示范人员亲自操作。 一边做示范，一边解释说明每一项工作的步骤。 让学习者看完整个操作过程，使其对整个操作过程有一个整体的了解。 观察员工的表情，了解员工对工作的了解程度。 鼓励员工提问题，认真地向其进行解释、说明，直到其完全了解为止。 说明要按照一定的顺序进行，不能漏掉某些步骤。 每次培训内容不宜过多，要适可而止。	让学习者自己操作一次，一边操作、一边说明要点，观察其动作是否正确，是否依照规范操作，是否掌握了所有的要点。 如果学习者操作有误或或是有所偏差，应该立即纠正，防止其养成不良的操作习惯。	让员工一边操作、一边说明要点。	必须对培训者的学习效果进行定期检查，以确保其掌握在岗培训步骤。正确者予以鼓励，错误者要加以纠正。

图 7-1　OJT 培训步骤与操作要点

三、班组成员的操作技能训练 OJT 实例

某制造公司在几年的实践过程中，逐渐总结提炼出一套适合本企业实际的 OJT 运行模式，如图 7-2 所示，该公司的 OJT 计划实施分四大阶段 10 个步骤。

第七章 现场人员管理工具与方法

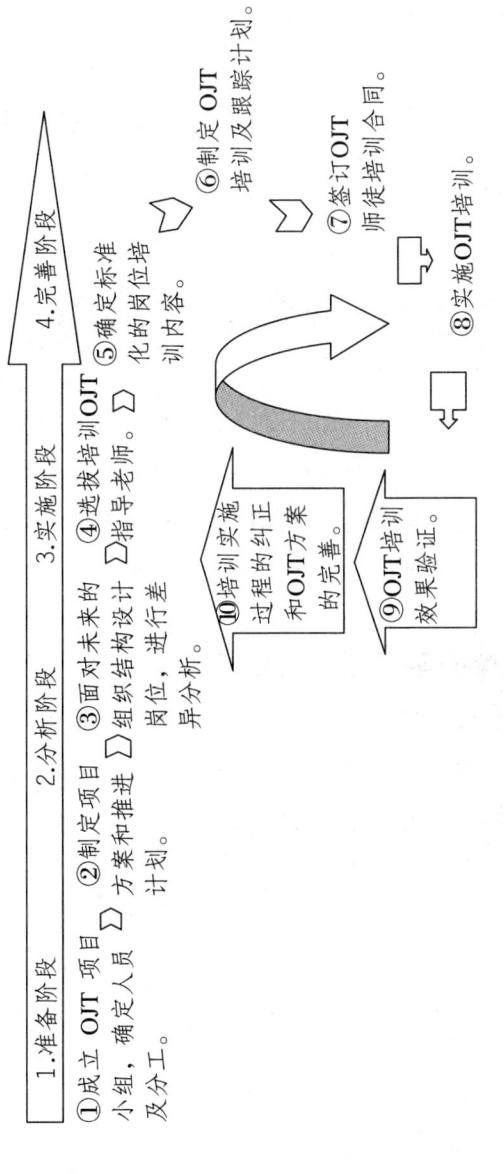

1. 准备阶段　2. 分析阶段　3. 实施阶段　4. 完善阶段

① 成立 OJT 项目小组，确定人员及分工。

② 制定项目方案和推进计划。

③ 面对未来的组织结构设计岗位，进行差异分析。

④ 选拔培训 OJT 指导老师。

⑤ 确定标准化的岗位培训内容。

⑥ 制定 OJT 培训及跟踪计划。

⑦ 签订 OJT 师徒培训合同。

⑧ 实施 OJT 培训。

⑨ OJT 培训效果验证。

⑩ 培训实施过程的纠正和 OJT 方案的完善。

图 7-2　某公司的 OJT 计划实施的四大阶段 10 个步骤

第二节　多能工培养方法

多能工就是具有操作多种机器设备能力的作业人员。在 U 型生产线上，多种机器紧凑地组合在一起，这就要求作业人员能够进行多种设备的操作并负责多道工序的作业，根据生产节拍，按照生产加工的顺序一项一项地进行生产。

一、培养多能工的三大阶段

工作岗位轮换就是让每个作业人员轮流承担作业现场的全部作业。经过一段时间的训练，每个作业人员掌握了多种工序的作业，即为多能工。通过工作岗位轮换培养多能工的三大阶段及方法如表 7-2 所示。

表 7-2　　　　　　　　　　　　　培养多能工的三大阶段和方法

培养多能工的三大阶段	方法
第一阶段：现场管理人员轮换。	①基层管理人员必须亲自作为多能工以身示范。为此，现场管理人员要在其所属的各工作单位巡回换岗。例如，组长在各组之间依次轮换岗位。 ②定期调动计划应由车间制订，主要考虑被调动人员到目前为止的经历及尚未担任过的工作和本人的希望和意愿、对现场工作的影响等方面的因素。
第二阶段：作业人员组内轮换。	①让每个作业人员在组内各种作业岗位之间轮换，所属关系、人事关系基本不变。 ②各班组长制订作业训练计划，把组内所有的作业工序分割为若干个作业单位，排出多能工培育计划表，使全体作业人员轮换进行各工序的作业，使每个作业人员在任何作业岗位上都能操作自如。
第三阶段：每天数次的工作岗位轮换。	通过实施作业人员多能工化，组内流动的可能性增大后，就可以每天数次有计划地让每个作业人员变换所承担的作业，甚至可以每隔 2～4 小时就能有计划地在组内的全部作业工序中轮换所有岗位。

二、制订多能工训练计划表的步骤

制订多能工训练计划表的步骤如图 7-3 所示。

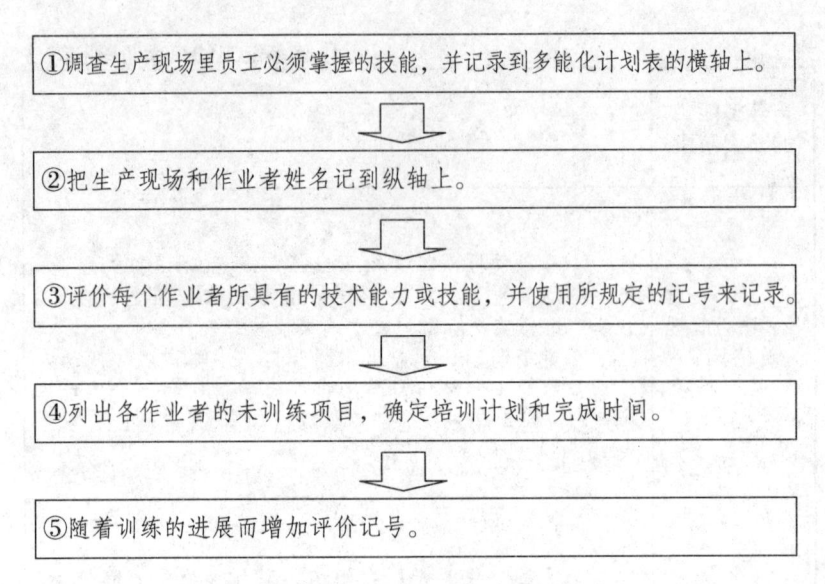

① 调查生产现场里员工必须掌握的技能，并记录到多能化计划表的横轴上。

② 把生产现场和作业者姓名记到纵轴上。

③ 评价每个作业者所具有的技术能力或技能，并使用所规定的记号来记录。

④ 列出各作业者的未训练项目，确定培训计划和完成时间。

⑤ 随着训练的进展而增加评价记号。

图7-3　制订多能工训练计划表的步骤

三、实施多能工培养活动

多能工的培养可以以班组为活动单位的方式来运作，但要以企业整体层面来推动，相互竞争，以带动全企业学习与从事多能工的气氛。因此，企业首先必须排除"安于现状，不愿意冒险"情况，包含最高管理者在内，全企业每一位员工都要创造出学习与实施多能工的气氛和环境。多能工培养活动的实施一般可依下列五大步骤进行，如图7-4所示。

步骤一：组成多能工培训小组。	一般是以基层改善活动的方式编成多能工推进小组。
步骤二：作业人员的技能现状调查，教导方法的制定。	调查作业人员对不同工序的操作技能的熟练程度，并按照有关标准作业的作业指导书制订实施计划，对操作人员进行适当指导。
步骤三：全企业实施，善用"多能工训练计划表"，设定目标。	全企业一起实施。要将现状与目标用简单易懂的方式表达出来，让每一位作业人员和管理人员都能很清楚地明白技能训练的计划与实绩。定期举办多能工竞赛。
步骤四：有效利用加班时间安排多能工的训练。	安排训练进度表，利用加班的时间来训练作业人员，用简单、快速的方法来改良设备隐患，保证绝对安全，以如期达到目标。
步骤五：定期表扬，提高认识。	每周或每两周一次，定期地对多能工培养活动的实施状况在班前会或班后会上加以总结，实施改善对策，以小组效果来带动多能工的推广。

图 7-4　多能工培养活动的实施五大步骤

四、某电子企业作业培训的内容

表 7-3 所示为某电子企业现场员工作业培训指导内容一览表。

表 7-3　　　　　　　　　　　　　　现场员工培训指导内容一览表

培训对象	培训指导项目	主要培训指导的内容
新员工	基础教育	企业简介，工作的基本态度，企业基本要求，相关工作的基本知识，基本的礼仪礼貌等。
	入职培训	胜任岗位必须掌握的基本技能，工作规范，产品知识等。
在职员工	工作意愿	帮助在职员工树立长远目标，消除其依赖心理、自卑感，使其养成思考的习惯。
	工作（专业）知识	电子企业常用术语解释，如组装图、轴向引线元件、印制电路板、焊盘、焊接面及元件符号等。 各种电子元件基础知识，如电阻器和电容器、变压器、二极管、三极管、晶体管、集成电路、稳压器及IC插座等。 静电防护知识。 安全管理等专业知识。 主要客户、主要协作厂商等方面的知识。
	工作（专业）技能	增进在职员工的工作能力及适应能力。 提高在职员工的工作熟练程度，培养其向熟练工方向成长。 培养在职员工成为多能工，以储备更多的一线骨干人才。 电子产品生产工艺操作技能，如插件、焊接、印制、组装及测试等技能。 基础技能，如机械设备的操作方法、工具的使用方法以及测量工具的使用方法等。 应用技能，如使用各项工具必须掌握的技能——即规范化操作程序。
	团队合作精神	使在职员工之间互相尊重，改善人际关系，建立彼此之间的信任关系，促进知识与信息的共享。

附 录
班组长管理工作常用工具与方法

导　读

附录 A　班组管理基本工具与方法
附录 B　现场管理基础工具与方法
附录 C　生产作业管理工具与方法
附录 D　班组质量管理工具与方法
附录 E　现场设备管理工具与方法
附录 F　现场安全管理工具与方法
附录 G　现场人员管理工具与方法

附录 A　班组管理基本工具与方法

一、现场巡视表

现场巡视表的格式、内容等参见附表 1，供读者参考使用。

附表 1

现场巡视表

机号：　　　　　班次：　　　　　班长：　　　　　日期：

序号	生产时间	工单编号	产品/工模编号	产品名称	颜色	工单数量	生产数量
本班生产工单							

巡查内容	检查时间			评价（评分）	处理意见或现场指导、建议
生产准备情况	来货与工单核对				
	模/夹具确认				
	工艺参数核对				
员工作业状态	员工是否听从指挥				
	员工工作姿势是否正确				
	员工着装是否规范				
	员工是否偷懒、闲聊				
作业进度	作业现场是否发生阻滞				
	作业是否停工待料				
	班组工序之间是否顺畅衔接				

续附表 1

机号：　　　　　班次：　　　　　班长：　　　　　日期：

序号	巡查内容	生产时间	工单编号	产品/工模编号	产品名称	评价（评分）	颜色	工单数量	生产数量	处理意见或现场指导、建议
		检查时间								

本班生产工单

分类	巡查内容
作业进度	班组现场是否按规定流程运转
	作业是否存在人为的时间浪费
设备运行与管理	设备运行状态是否正常
	员工是否熟记设备安全操作规范
	员工是否按照规范操作设备
	员工是否正确使用工具
	班组现场机械及工具摆放是否规范
品质管理	有无 QC 签办
	不合格品标识是否正确
	不合格品隔离是否正确
	品质可否接受

305

续附表1

机号：　　　　　班次：　　　　　班长：　　　　　日期：

序号	生产时间	工单编号	产品/工模编号	产品名称	颜色	工单数量	生产数量
本班生产工单							

	巡查内容	检查时间	评价（评分）	处理意见或现场指导、建议
现场货品管理	货品标识是否正确			
	货品摆放是否正确			
安全生产	工作时是否正确使用安全器具			
	危险物品是否按规定进行保管			
	现场张贴安全标志情况如何			
	现场安全指挥是否正确			

二、班组工作现场汇报表

班组工作现场汇报表的格式、内容等参见附表2，供读者参考使用。

附表2　班组工作现场汇报表

类别	汇报内容	上级领导指示或建议	处理成效与启示
生产	生产计划的完成情况；生产进度状况与工时投入、生产跟踪情况；现场作业状况。各类生产异动情况，包括进度异常、工艺异常、工单交货异常及其他异常等。各订单完成情况，产品交货情况。		
质量	各道工序、各班组的产品质量情况，质量问题及质量异常，各种产品的不合格率及进成的因素，内部质量事故的调查处理及质量问题的追溯，质量问题的处理汇报，质量目标达成情况，潜在质量隐患。		
物料	物料异常情况，物料供应的达成情况，物流的物顺程度，物料耗用情况及日消耗量，剩料、缺料、解决办法的请示，余料、呆料、废料、遗留货及零部件的处置，再生物料跟踪情况。		
人员	班组人员安排计划，人员工作状况，缺勤、辞职、加班人员情况，应急补充人员情况，人员掌握工作技能的情况，人员培训情况。		
其他	其他各项工作的落实与执行情况，如班组QC活动情况，现场5S情况，班组设备自主保全情况，上级和横向部门布置的其他任务完成的情况等。		

附录 B 现场管理基础工具与方法

一、班组目视管理检查表

班组目视管理检查表的格式、内容等参见附表 3,供读者参考使用。

附表3

班组目视管理检查表

现场名称：　　　　　　　　　　　　检查者：

	检查项目	检查方法	评价
整理与整顿	1. 通路是否畅通	确认通路的标识	
	2. 不要品、不良品是否有区分	确认不良品放置板	
	3. 各现场的标识有无	确认现场的标识	
	4. 在通路上有无杂物	观察通路、现场	
	5. 是否按时间实行5S	日常例行工作计划表	
	6. 安全卫生状况如何	调查安全劳动情况表	
生产管理	1. 作业者是否按作业标准书进行作业	调查作业标准书	
	2. 能否掌握及预估交货期、状况如何	确认进度管理表	
	3. 作业者是否知道预定的交货日	问作业者调查	
质量管理	1. 有无QC工程表	调查标准资料	
	2. 是否了解不良率的情况	调查不良率图表	
	3. 检测器具使用完好程度	确认检测器具	
	4. 了解客户投诉发生的情况	调查资料	

续附表 3

现场名称：　　　　　　　　　　　　检查者：

	检查项目	检查方法	评价
物料管理	1. 材料、物品放置有无标识	确认放置现场的标识	
	2. 现场原材料或半成品是否过剩或不足	物料管理表	
	3. 有无过期的物料	物料管理表	
工具管理	1. 工具的整理、整顿是否完成	观察放置现场	
	2. 有无工具管理台账	调查管理台账	
	3. 工具管理状态如何	观察工具架	
	4. 现场是否放有不同的工具	调查作业现场	
人员管理	1. 是否维持了出勤率	调查出勤管理表	
	2. 是否进行了必要的安全教育	调查教育记录	
	3. 现场作业者工作状态如何	确认作业者现状	

评价标准：5 分为非常清楚；4 分为清楚；3 分为普通；2 分为不是很清楚；1 分为不清楚。

二、"要"与"不要"物品的处理方法

"要"与"不要"物品的处理方法参见附表4,供读者参考使用。

附录 班组长管理工作常用工具与方法

附表4 "要"与"不要"物品的处理方法

类别	使用频度	处理方法	举例	备注
必需品	每小时	放工作台上或随身携带	生产活动中时时使用的扳手、改锥等。	
	每天	现场存放（工作台附近）	生产活动中使用的测量工具等。	
	每周	现场存放	每周使用的车间消毒用具等。	
	每月	仓库存放	机器设备每月点检使用的工具等。	
	三个月	仓库存放	机器维修专用设备等。	定期检查
	半年	仓库存放		定期检查
非必需品	一年	仓库存储（封存）	不使用的材料、零部件、设备等。	定期检查
	两年	仓库存储（封存）		定期检查
	未定	有使用价值	除特别处理外，其他分类后出售。	涉及机密、专利的资料和影响人身安全、环境的物质等要特别处理。	定期检查
		无使用价值	折价变卖，或者转移为其他用途（作为训练工具、教育展示用具等）。	无用或报废的材料、零部件等。	定期清理
	不能用	废弃或变卖		立刻废弃

313

三、现场区域线和物品标识规定

现场区域线和物品标识规定参见附表5,供读者参考使用。

附　录　班组长管理工作常用工具与方法

附表 5　现场区域线和物品标识规定

类型	宽度	线型	颜色	使用物品说明（图示）
主通道线	120mm	实线	黄色	
次通道线	50mm	实线	白色	
作业区区域线	80mm	实线	黄色	推车
原材料区域线	80mm	实线	黄色	移动式物品
半成品区域线	80mm	实线	黄色	
成品区域线	80mm	实线	黄色	固定式物品
检验区域线	80mm	实线	黄色	
机台定位线	50mm	四角定位线	白色	工作台、工具柜
小物品定位线	50mm	四角定位线		
垃圾桶（池）	50mm			垃圾桶

315

续附表 5

类型	宽度	线型	颜色	使用物品说明（图示）
不合格品区域线	50mm	细实线	红色	废料堆放场
废品区域线	50mm			
危险化学品区域线	50mm			灭火器
警戒线	50mm	斑马线	黄、黑相间	危险区
危险区域线	50mm			
配电柜区域线	50mm			
突出物标识线	50mm			

四、清扫基准和制度

清扫基准和制度参见附表6,供读者参考使用。

附表6 清扫基准和制度

对象	清扫要点、方法	工具	清扫标准要求	周期	清扫时间	责任人
现场	1. 通道、地面扫擦。 2. 工作台、椅子目行抹擦。 3. 通风器铲垢。 4. 配管配线后抹擦。 5. 开关电后抹擦。 6. 抹扫覆盖、护盖。 7. 天花板抹扫。	拖把、抹布、毛巾、干纱布、刮刀、钢刷、扫把等。	1. 平整、无尘、无杂物遗落。 2. 洁净、无残缺、无画迹。 3. 无贴附较厚油渍、污垢，不堵塞管口。 4. 干净、无尘埃、无污垢，颜色鲜明。 5. 开关洁净，拨动灵活，标识清晰。 6. 洁净无污垢，无虫网，灯管、灯盆明亮。	每周一次。每天下午一两点还需要进行5分钟的清扫活动。	每周五下午4:30~5:00	各责任区所属单位的全体员工
机械设备	1. 空压系统——抹布抹擦。 2. 油压润滑系统用抹布抹擦，不能用风筒吹。 3. 机械传动、滑动部位——切削去垢，抹布抹擦。 4. 电气系统——抹拭附着灰尘，关开关后抹擦。 5. 工具、模具、量具——柔软纱布擦拭。	抹布、纱布等。	1. 各系统设备不可厚积尘污垢。 2. 机械传动阻塞和污垢杂物无。 3. 电气系统洁净、干燥，无锈蚀。 4. 工具、模具、量具精确锃亮。	每月一次	月底或月中生产空闲停顿的时候。	工程人员

318

五、5S 管理自检月报表

5S 管理自检月报表的格式、内容等参见附表 7，供读者参考使用。

附表 7　　　　　　　　　　　　　　　　　　　　5S 管理自检月报表

被检部门		日期	
检查内容			
存在的问题			
整改措施			
需协调项目			
填表人		部门领导	

六、现场 5S 管理检查评分标准

现场 5S 管理检查评分标准参见附表 8，供读者参考使用。

附表8　现场5S管理检查评分标准

序号	检查要素	标准分	要素	评分标准
1	1S整理：对留下必要的物品，清除不要的物品。	25分	①绘制订置图，物品定位摆放。②工作场所要整齐、清洁。③装配班有工具箱、纸本等。④保证道路畅通，清除多余物品。⑤仓库必须按定置摆放，对库房进行清理、账、卡、物三对头，限额发料，余料退库。⑥废弃物品需及时处理。	①无定置图，扣5分。②发现工作场所有多余物品，1件扣1分。③工具柜未按定置图摆放且有多余物品，1件扣1分。④发现道路不畅通，1处扣2分。⑤发现仓库有多余物品，1件扣1分。⑥发现废弃物未及时处理，扣2分。
2	2S整顿：对必需物品依类别定置摆放整齐，标识明确。	25分	①现场物品定量放置，重要物品和易损件放置容器。②工作场所的所有物品摆放整齐有序，保证足够的安全距离标识。③公用柜必须设立专人保管，且有正确标识。④工作器具等要定置摆放，并且要有标识，不能与其他物品混放。⑤设备上不允许摆放其他物品。	①未按生产要求定量放置重要物品，扣1分；②工作场所损件无放置容器，扣2分；③公用柜未设人保管，1处扣1分。④工作器具未按定置要求摆放或缺少标识或混放，1处扣1分。⑤设备上有其他物品，1次扣1分。

320

续附表 8

序号	检查要素	标准分	要素	评分标准
3	3S 清扫：清除工作场所内的脏污，且防止脏污再次发生。	20 分	①工作场所责任区要定专人管理，并按规定时间进行清扫，且整齐、清洁。②设备无跑、冒、滴、漏现象，且保持清洁。③图样资料管理规范，保持清洁；包表箱内物品应标注有效期。④对操作的设备做到日小扫，周大扫，设备有点检标准和记录。⑤生产用的工具、量具、器具等保持清洁、完好。⑥有清洁工具放置区，并完好保存。	①责任区无专人管理，不按时间规定进行清扫，不整齐、不清洁，1次扣1分，1处扣1分。②设备漏油或卫生差，1处扣1分。③现场图样有损坏的，1处扣2分；不清洁，扣1分；物品标识无有效期，扣5分。④发现设备日常保养不到位，扣1分；设备无点检标准和记录，扣5分。⑤现场工具、量具、器具，夹具等保持不清洁，扣1分。⑥无清洁工具或没有完存清洁工具，扣5分。
4	4S 清洁：维持整理、整顿、清扫的成果并制度化、规范化、标准化。	15 分	①建立完善班组规章制度。②坚持站立式上岗会、民主生活会，且及时做好记录和民主活动需公示在班组园地中。③班务活动需公示在班组园地中。④班组长定期检查5S执行情况。⑤按照考评方法和奖惩制度执行。	①未建立班组规章制度，扣10分。②缺少上岗会记录及民主生活会，扣5分；各级领导签字不到位的，扣1分。③班务活动未及时公示在班组园地，扣5分。④班组长不定期检查5S执行内容，1次扣5分。⑤按照考评方法不上报的，1次扣5分。

321

续附表8

序号	检查要素	标准分	要素	评分标准
5	5S素养：人人养成良好的习惯，遵守厂规厂纪。	15分	①培养各种良好的礼貌行为。②用规范行为来改进员工的工作态度，养成良好的工作习惯。③工作主动，工作中有创新。④新进人员强化5S教育。⑤营造团队精神。	①没有良好的礼节，1次扣1分。②员工的工作态度或工作习惯不好，1次扣1分。③工作无主动性，1次扣1分。④新进人员无强化5S教育，1次扣5分。⑤员工之间产生矛盾不及时解决，1次扣5分。

七、提案申请表（评分表）

提案申请表（评分表）的格式、内容等参见附表9，供读者参考使用。

附表9 提案申请表（评分表）

题目（1分）：用一个简单的题目，说明改善哪方面的问题		改善类别：（请打"√"）			所属部门：	
		人员	设备	预防	提案人：	
		材料	成本	其他	日期：	
改善前	问题点（现象） 1.【图示】(1分)：异常现象，大的现象，表面的现象，可用简图、照片、漫画等方式来表达，注意重点突出。 2.【叙述】(1分)：简要地分条叙述。①为什么要进行改善。②如果不改善的话会有什么影响。 3.【数据】(1分)：对应异常的数据图。					
	要因分析 1.【图示】(1分)：进一步进行现象分析，建议采用局部放大图。 2.【叙述】(1分)：为什么会这样？①直接的原因。②造成直接原因的根源。 3.【数据】(1分)：对应原因的数据排移图，并提供数据来源。					
改善后	改善对策 1.【图示】(1分)：如何消除造成异常现象的根本原因 2.【叙述】(1分)：对策是如何解决异常现象的？建议采用局部放大图。简要地分条叙述消除异常原因的主要办法（方案）。对策应与要因分析及改善方向相关联。					
	改善方向（2分）：					

324

续附表9

题目（1分）：用一个简单的题目，说明改善哪方面的问题		改善类别：请打"√"		提案人： 所属部门：
		人员	设备	日期：
		材料	成本	
		预防	其他	
改善后	对策来源	既有的规定要求（0～1分）	借鉴展开的方法（0～3分）	研讨的成果（0～3分）	创新的方法（3～6分）
	实施人填写签名：	重点实施项目（0～5分）：		
		改善时间（1分）：共＿＿＿小时。参加人员：共＿＿＿人。		
效果	有形效果：含改善前后对比结果（0～50分）。①改善前后数据的对比与幅度（百分率）。②换算成金额的算式和结果。	无形效果：无法用数据表示的改善效果，用文字做简要说明，并在下面无形效果的范围打"√"。		
		品质客户（0～5分）	职业能力（0～5分）	士气精神（0～5分）
		安全环境（0～5分）		

续附表 9

题目（1 分）：用一个简单的题目，说明改善哪方面的问题			改善类别：（请打"√"）		提案人： 日期：	所属部门：	
	人员		设备		预防		
	材料		成本		其他		
评价	评价项目	可行性	努力程度	有形效果	无形效果	总得分	级别	部门认可
		独创性					评价人	
	初评得分							
	复评得分							

326

附录 C 生产作业管理工具与方法

生产作业管理方面，班组长常用的表格是"班组作业标准调查事项表"，其格式、内容等参见附表 10，供读者参考使用。

附表10　　　　　　　　　　　　　　　　班组作业标准调查事项表

调查事项	标准化情况（资料、标准、表格等）	有无
加工程序是否标准化	1．方法程序表 2．制造程序表 3．安装工序表	□□ □□ □□
加工程序标准参考什么制订	1．机械装置图 2．机械设备情况表 3．机械稼动率表 4．安全生产规定	□□ □□ □□ □□
加工条件是否标准化	1．切削所需条件的标准化 2．使用机械工具的标准化 3．生产方面的标准化	□□ □□ □□
生产场地是否标准化	1．空气条件的标准化 2．色调调节的标准化 3．照明的标准化 4．生产安排标准化 5．作业工具的标准化	□□ □□ □□ □□ □□
操作方法是否标准化	1．方法的标准化 2．动作的标准化	□□ □□

附录 D　班组质量管理工具与方法

班组质量管理方面，班组长常用的表格是"QC 小组活动计划表"，其格式、内容等参见附表 11，供读者参考使用。

附表11　　　　　　　　　　　　　　　　　　　　QC小组活动计划表

单位		QC小组名称		组长		课题	
开始日期				计划完成日期			
现状							
目标							
实施方法							
组长意见							
单位领导意见							
备注							

附录 E 现场设备管理工具与方法

一、企业设备使用管理检查表

企业设备使用管理检查表的格式、内容等参见附表 12,供读者参考使用。

附表12　企业设备使用管理检查表

设备使用管理	检查内容	是：√否：×	相关记录
操作人员	是否制作了管理责任人标识牌。		设备管理责任表
	是否规定了操作人员的相关职责。		
	操作人员是否能够良好地操作设备。		
	操作人员是否熟悉简单的设备故障修复方法。		
	操作人员是否严格按照操作规程操作。		
制订规程	是否编制了设备使用和维修规程。		设备使用规程、设备润滑"五定"图
	操作人员是否了解设备使用和维修规程。		
	是否每台设备都有使用和维修规程。		
	是否对设备进行了分类管理。		
	设备使用和维修规程修订或增补是否及时。		
	是否列明了设备使用安全注意事项。		
	是否绘制了传动示意图和电气原理图。		
	是否有设备润滑"五定"图。		
	是否有设备主要易损件报废标准。		
	是否规定了设备运行中的故障排除方法。		

续附表12

	检查内容	是：√/否：×	相关记录
设备使用管理	设备配备是否正确。		
	设备之间的比例是否合理。		
	设备的负荷是否合理。		
设备运行	是否保持设备和工作环境整洁及秩序正常。		设备使用管理单、设备机器运转记录表
	是否安装了防护、防潮、防震、保暖、降温等装置。		
	平时是否进行了爱护设备的宣传教育。		
	设备操作人员是否登记造册，是否注明了操作等级。		
	是否有未获得操作资格的作业人员操作设备。		
	开机前是否严格检查设备状态。		
	班组长是否监督操作人员作业。		
	是否随时记录生产过程中设备磨损及参数变化的情况。		
设备检查	设备是否干净。		设备交接检查表
	设备润滑是否良好。		
	安全防护罩是否齐全、可靠。		

续附表 12

设备使用管理	检查内容	是:√否:×	相关记录
设备检查	各部位零件和附件是否齐全。		设备交接检查表
	滑动部分等有无新的磨痕、损坏、碰伤,有无坏件。		
	操作机构是否灵敏。		
	传动系统是否正常。		
	各丝杠、手柄、紧固螺钉是否松动。		
	工具、模具、刀具、吸尘管道是否全完整。		
设备交接	是否有严格的交接记录。		设备交接记录表
	接班人员是否检查设备。		
	交接班记录是否有签字。		
	是否提前到班。		
	交接班记录有无涂改。		
	是否坚持交接班"六不"原则。		
班组	执行人		日期／时间

334

二、日常保养卡

日常保养卡的格式、内容等参见附表 13，供读者参考使用。

附表 13　　　　　　　　　　　　　　　　　　　　　　　日常保养卡

机器名称									
直接保养责任人					直接上级				
保养内容 日期	周围环境	表面擦拭	加油润滑	固件松动	安全装置	放气排水	……	保养签章	上级签章
1									
2									
3									
……									
31									

三、一级保养卡效果检查表

一级保养卡效果检查表的格式、内容等参见附表 14，供读者参考使用。

附表 14　　　　　　　　　　　　　　　　　　一级保养卡效果检查表

设备名称		设备编号		
一级保养者		督导者		
项次	保养项目	标准	保养周期	保养结果记录
1				
2				
3				
4				
5				
6				
……				

附录 F 现场安全管理工具与方法

一、三级安全教育卡

三级安全教育卡的格式、内容等参见附表 15，供读者参考使用。

附表 15　　　　　　　　　　　　　　　　　　　　　　三级安全教育卡

姓名	性别	出生年月	入厂时间
工种	文化程度	专业	毕业院校
三级安全教育顺序	厂级	车间	班组
安全教育内容			
教育日期			

二、作业现场隐患检查及安全防范措施表

作业现场隐患检查及安全防范措施表的格式、内容等参见附表16，供读者参考使用。

附表16　　　　　　　　　　　作业现场隐患检查及安全防范措施表

作业任务		作业编号	
作业时间		作业地点	
作业小组名称		作业负责人	
小组成员			
作业现场潜在的危险因素或重要的危险因素	确认人		
作业小组应采取的安全防范措施或重要防范措施	确认人		
检查评语	班组长：		
	车间领导：		
	厂级领导：		

附录 G 现场人员管理工具与方法

一、多能工培训计划表

多能工培训计划表的格式、内容等参见附表 17,供读者参考使用。

附表17　　　　　　　　　　　　　　　　　　多能工培训计划表

训练项目 姓名	识图 2天	剪断 2天	弯曲 5天	冲压成形 5天	整形 3天	焊接 8天	铆接 7天	组装 10天	抛光 3天	教育训练时间合计 45天
李×	☆	◎	○	×	◎	×	☆	☆	○	
王×	○	☆	×	×	○	×	○	×	◎	
周×	○	◎	○	×	☆	◎	×	◎	×	
赵×	☆	○	×	×	○	◎	○	○	×	
葛×	◎	×	☆	○	×	☆	○	×	◎	
徐×	○	◎	×	☆	○	×	○	◎	○	
严×	☆	×	○	◎	○	×	×	☆	◎	
马×	◎	◎	○	×	☆	◎	×	○	×	

注：☆ 100%掌握；◎ 75%掌握；○ 50%掌握；× 不需学会。

二、多能工技能评定表

多能工技能评定表的格式、内容等参见附表18，供读者参考使用。

附表18　　　　　　　　　　　　　　多能工技能评定表

技能评定表							
班组			姓名		编号		
剪断	弯曲	冲压	焊接	铆接	组装	……	其他
考核意见							
考核人意见： A．很熟练　B．比较熟练　C．一般　D．不熟练							
填表人		班组长审核		生产经理核准		日期	
□同意□不同意 总经理批准：							

341